いまこそ知りたい

European Union

EU

水王舎

いまこそ知りたい

イギリス離脱でEUは危機を迎えているのか!?

はじめに

２０１６年6月23日、イギリスのＥＵ離脱を問う国民投票が実施された。投票前の予想は「ＥＵ残留」が圧倒的多数。それを証拠に世界の金融市場は安定を見せ、日本国内ではイギリスの国民投票に注目が集まってすらいなかった。そして投票結果は大方の予想どおりの「ＥＵ残留」。翌日から、いつもと変わらない日々がまた続く……はずだった。

だが、そうはならなかった。開票結果は「離脱」が１７４１万７４２票（51・９％）、「残留」が１６１４万１２４１票（48・１％）。僅差ながら、イギリスのＥＵ離脱が決定したのだ。その瞬間から、世界は蜂の巣をついたような大騒ぎとなった。各国メディアは驚きをもってこのニュースを報じ、イギリスの通貨であるポンドは大暴落、日本では日経平均株価が約１３００円とリーマンショック以来の大幅の下げとなった。

このあたりのことはテレビや新聞、雑誌等で大きく取り上げられたので理解している人が多いことだろう。だが、ひとつ大事なものが抜けている。イギリスが離脱することになったＥＵとは、そもそも何なのかということである。

ＥＵがヨーロッパの複数国の共同体であることは知っていても、その成り立ち、目的、ルールについてきちんと理解している人は、決して多くはないはずだ。

しかし、世界情勢を語るうえでＥＵは切っても切り離せない。イギリス離脱という超巨大スキャンダルにより、いま注目を集めるＥＵ。この組織の全貌を知るなら、今が絶好の機会だ。

欧州連合研究会

本書について

政治や経済の本を読もうと手に取ったとき、多くの人がこう思ったことがあるのではなかろうか。

「難しい言葉が難しい文章で書いてあるから、いくら読んでもちんぷんかんぷん！」と。

政治、経済、社会情勢など、こういったおカタい内容の本は非常に難解である場合があまりにも多い。「入門」などとタイトルにあっても、ページをめくると文字がびっしりなんてことも少なくないだろう。

そこで本書「いまこそ知りたいＥＵ」の出番である。ＥＵには興味があるけど、内容が難しすぎて諦めた人や、そもそも難解な本が苦手だという人。そして何より、手っ取り早くＥＵを知りたい人。本書はそういう人のために作られた「世界一カンタンにＥＵのことが理解できる本」であると、自信をもって宣言する。

とにかく、まずは1ページ、軽い気持ちで読んでほしい。わかりやすい文章で書かれているので、頭にスッと入ってくるはずだ。そしてもう1ページ、さらにもう1ページと読み進めていくうちに〝生きたＥＵの知識〟が、あなたの頭には蓄えられていることを約束する。

※「イギリス」はイングランド、ウェールズ、スコットランド、北アイルランドの4国からなる連合国だが、本書籍においては表記は「イギリス」で統一。

nion

いまこそ知りたい

EU

contents

European U

chapter 2

EUの活動内容

chapter 3

EUの金と人

chapter 4

EUと各国の関係

contents

EU

European Union

いまこそ知りたい

Chapter 1

そもそもEUってなに?

いまこそ知りたい

EUって何のこと?

European Union(欧州連合)という共同体

EUとは、European Unionの略であり、日本語で著す場合は「欧州連合」とされる。その名から想像できるように、ヨーロッパ全土の国家同士が集まってできた超国家的な共同体だ。EUは、加盟国同士で政治的・経済的な協力関係をもっており、現在は28カ国、つまりはヨーロッパにあるほとんどの国が加盟している。

それでは、加盟国は「EU」という国になってしまったのかというと、そういうわけではない。EUを構成する28の国(ベルギー、ブルガリア、チェコ、デンマーク、ドイツ、エストニア、アイルランド、ギリシャ、スペイン、フランス、クロアチア、イタリア、キプロス、ラトビア、リトアニア、ルクセンブルク、ハンガリー、マルタ、オランダ、オーストリア、ポーランド、ポルトガル、ルーマニア、スロヴェニア、スロヴァキア、フィンランド、スウェーデン、イギリス)は、主権国家のままで、その権限の一部をEUに譲るという条件で、共同体の一部となっているのだ。

このような共同体は、EUをのぞいてほかに類を見ることはなく、非常に独特な結びつきだ。また、EUは「多様性の中の統合」をモットーとしており、構成する国家の言語や文化を尊重しながらも、ひとつの共同体として活動しているところも特徴的といえるだろう。

EUの本部はどうしてベルギーにある?

そんなEUの本部は、ベルギーのブリュッセルにある。なぜベルギーに? と疑問に感じるかもしれないが、これは、EUのルーツとなったベルネクス三国（ベルギー、オランダ、ルクセンブルク）の中心がベルギーだったという理由で、EUのトップがベルギーというわけではない。本部はベルギーにあるが、欧州議会がフランスのストラスブールに、欧州中央銀行がドイツのフランクフルトにといった具合に、EUの中枢はさまざまな国に点在しているのだ。

また、EUの最高機関である「欧州連合理事会」をとりまとめる「欧州連合理事会議長国」は、任期6カ月で加盟国の中から輪番制で選ぶようになっている。国力の差によって事実上のパワーバランスはあるとはいえ、基本的には「EUの代表国」といったものは存在しないのだ。ちなみに、2016年下半期の議長国はスロバキアが担当している。

EUは28カ国からなる国家共同体。その本部はベルギーのブリュッセルにある

いまこそ知りたい

EUって、どういう組織なの？

EUは共通問題に対処する「組合」のようなもの

前ページで「EUはお互いに協力関係を持つ共同体」だと説明したが、具体的にはどのようなことについて協力しあっているのだろうか？

たとえば昨今、ヨーロッパ全土を巻き込んでいるテロ問題を思い浮かべてもらいたい。テロという予測が難しい行為に対処しなければいけない場合、そのつど各国が個別に決まりを作って対策を考えるよりも、共同体全体で共通の解決策を探し出し、加盟国がそろって決定に従うほうが混乱も少なく、効果的である。

このように、ヨーロッパの国々に共通でふりかかる問題を発見して、共通の姿勢で対処していく、いうなれば「組合」のような組織がEUなのである。

EUの前身であるEC（欧州共同体）は、欧州を単一の経済市場にしようという「経済的統合」のみを目指した組織だったが、EUが発足してからは、外交や安全保障など「政治問題」も扱うことができるようになった。

EUとしてヨーロッパがひとつにまとまることで、経済的にだけでなく、政治的にも強い組織となったのだ。

Shutterstock.com

こちらがEUの旗。青地に輝く金色の12個の星は「完璧さ」と「統一」を表している

ＥＵが掲げる基本的な理念とは？

政治的にも強く結びついたＥＵは、たとえば加盟国でトラブルがあった場合には、その解決にＥＵ全体で対処する。

たとえばそれは前述のテロ問題であり、２００９年に発覚したギリシャの財政破綻危機である。一国では解決することが困難な問題も、ＥＵ全体で超国家的に支援することで乗り越えていく。それがＥＵの基本的な姿勢である。

ちなみにＥＵには「旗」「歌」「記念日」「モットー」の４つのシンボルが存在する。「旗」は欧州議会や国際会議の場で掲げられる青地に12個の金星の旗であり、「歌」はベートーベンの「歓喜の歌」の主題部分、「記念日」はＥＵ発足のはじまりとなった「シューマン宣言」がなされた5月9日である。「モットー」は前項でも紹介したように、「多様性の中の統合」となっている。

いまこそ知りたい

EUの目的は？

欧州市民に平和と自由と繁栄を保障する

今や全体の人口が5億人を超えたEUは「すべての欧州市民に平和と繁栄と自由を保障すること」を最大の目的としている。

この理想を実現すべく、EUではさまざまな政策が実施されている。そのひとつが「人の移動の自由」だ。現在、EU内ではほとんどの国でパスポートを携行する必要がなく、出入国審査で止められることもない。つまり、EU市民はどの加盟国にでも自由に移住し、働くことができるのだ。また、EU内での国外留学も充実しており、これまでに200万人以上の若者たちが、教育・交流プログラムを利用して欧州の別の国で学習したり、訓練を受けたりしてきた。まさしく題目にある「自由」を保障する政策といえよう。

しかし、移動の自由はいいことばかりではない。なぜなら、これにより犯罪者も自由に国境を超えることができるからだ。そこで取り入れられたのが、EU各国の警察、税関、入国管理局同士の協力体制である。具体的な例としてあげられるのがEU内のどの国でも効力を発揮する「欧州逮捕状」で、これにより、国家間での犯罪者の移送が容易になっただけでなく、同じ司法制度で犯罪者を裁くことができるようになった。これは「平和」を保障しているといえるだろう。

Drop of Light / Shutterstock.com

各国の政治家たちは自国の利益だけでなく、欧州全体の利益を考えたかじ取りを求められる

理想を実現するために邁進し続ける

それでは、EUの掲げる「繁栄」に関してはどうだろう? それを最も象徴する政策が、欧州単一通貨ユーロの導入だろう。詳しくは別ページで解説するが、ユーロ紙幣と硬貨は、ユーロ導入国ならばどこでも使用することができ、貨幣の価値も安定している。

また、環境保護や気候変動に対する政策の充実もEUの特徴だ。加盟国が連携して環境保護に取り組んできたことにより、欧州の河川や海辺は以前よりも見違えるほどに綺麗になっているし、温室効果ガスの削減を進めるなど、エネルギー問題にも真摯に取り組んでいる。さらには、廃棄物処理にも厳しい規制が導入されており、欧州で発生した危険なゴミは、貧しい国々で処理することができなくなっている。

このように、EUはさまざまな分野で、「すべての欧州市民に平和と繁栄と自由を保障すること」を実現するための政策を執り行っているのだ。

いまこそ知りたい

EUができた経緯

世界大戦後、欧州統合思想が生まれる

二度の世界大戦で主戦場となり、多大な犠牲者を出してしまったヨーロッパは、これ以上同じ過ちを繰り返さないよう、恒久的な平和を誓った。しかし、世界は終戦直後から東西にわかれた冷戦時代へと突入しており、戦争の抑止力となるためにも、早急に疲弊しきったヨーロッパを立て直す必要があった。実際に1950年には朝鮮戦争が勃発しており、それはヨーロッパにとっても他人事ではなかったのだ。

そこで生まれたのが、EUの根底にある「ヨーロッパ統合」の思想である。一国では難しいかもしれないが、連合を組めば世界に対抗していくことができるかもしれない。そう考えたフランス外相のロベルト・シューマンとフランス企画院長官のジャン・モネは、1950年5月9日に「超国家的な欧州機構の創設」を提唱した。これは、のちに「シューマン宣言」とよばれるものである。

シューマン宣言に賛同したフランス、イタリア、オランダ、ベルギー、ルクセンブルク、西ドイツ（当時）の6カ国は、軍事力の根幹となる石炭と鋼鉄を超国家的に管理する「ヨーロッパ石炭鉄鋼共同体」（ECSC）を創設。イギリスはこの時点では賛同しなかったが、これにより、EUのルーツとなる組織がついに誕生したのである。

ＥＣＳＣはＥＣを経て、現在のＥＵへ

そしてＥＣＳＣは、１９５１年にパリで設立条約が結ばれ、翌年に正式なものとなった。このＥＣＳＣが、１９５８年にできた経済統合を目的とする「欧州経済共同体」（ＥＥＣ）、原子力に特化した市場を創設する「欧州原子力共同体」（ＥＡＥＣ）と総称されて、欧州共同体（ＥＣ）と呼ばれることになる。そしてこのＥＣが、マーストリヒト条約の成立を経て現在のＥＵになったのだ。発足当時の国家は、先にあげた6カ国に、１９８１年にＥＣに加入したイギリス、アイルランド、デンマーク、１９８６年に加入したスペイン、ポルトガルを加えた11カ国であった。

ちなみに、「シューマン宣言」を提唱したシューマンとモネは、ＥＵの創設者に数えられている。5月9日がＥＵ記念日となっていることからも、ＥＵにとってシューマン宣言がいかに象徴的な出来事であるかがうかがえる。

Shutterstock.com

第二次世界大戦。人と国に多大なダメージを与えた戦争がEU誕生のきっかけ

いまこそ知りたい

EUの前身「ECSC」→「EC」

ECSC設立の狙いは東西冷戦だけでない

EUは、ECSC（欧州石炭鉄鋼共同体）がEC（欧州共同体）を経て誕生したことは前項で解説したが、ここではそのECSCとECについて、さらに掘り下げていこう。

1951年に設立条約が調印されたECSCは、東西冷戦に対抗するという目的のほかに、同じヨーロッパ内で敵対していたフランスとドイツのいさかいをやめさせる目的があった。

フランスとドイツは長く、ヨーロッパ有数の鉄鋼石と石炭の産出地であるアルザス・ロレーヌ地方の帰属をめぐって争いを続けており、世界大戦終結後も、火種はくすぶりつづけていたのだ。

そこで、シューマンは、ECSCとして石炭・鉄鋼を共同管理することを提案。物理的に、フランスとドイツが戦争をすることをできなくしたのだ。ちなみに、彼はこのアルザス・ロレーヌ地方の出身でもあることも、この提案に関係しているのかもしれない。

こうして誕生したECSCは、西ヨーロッパの諸国に統合の効果と必要性をみせつけた。そして1957年には、さらなる経済分野の統合と、エネルギーの共同管理を発展させるためのEEC（欧州経済共同体）とEAEC（欧州原子力共同体）が設立。当初、これらの機関は個別に動いていたが、1つの運営機関にまとめるべく、1965年に総称してECと呼ばれるようになったのである。

アルザス・ロレーヌ地方の風景。風光明媚な場所であり、欧州を代表する鉄鋼石と石炭の産出地だ

EC内で生まれた意見は、EUに活きる

こうして生まれたECだが、組織が成熟していくとともに、さまざまな意見が生まれはじめた。

たとえばそれは「加盟国間における政策や法律の違いが、貿易の自由化をさまたげ、市場競争の障害となっている」という意見であり、「人、サービス、商品の移動の自由化のため、加盟国間の国境を取り除こう」という意見であった。そして、これらの意見を実現するために、ECをより飛躍した組織へと発展させようという動きが始まったのである。

これらの意見は、EU設立の草案に盛り込まれ、EUの基本条約であるマーストリヒト条約（欧州連合条約）の成立により、現実のものとなった。

また、加盟国間の経済的な相互依存によって、戦争の抑止力となったことを評価されたEUは、2012年にノーベル平和賞を受賞。ECSC設立時のシューマンの理念は、時を経て世界に認められたのである。

いまこそ知りたい

EUの仕組み　欧州理事会など

EUにおける政府・国会のような役割

超国家的な組織であるＥＵには、その運営のためにさまざまな機関が存在する。ここでは、ＥＵの中枢となる重要な機関を紹介していこう。

まず、ＥＵの最高意思決定機関にあたるのが「欧州理事会」だ。この欧州理事会は1年に最低4回の公式会合を開き、そこでＥＵ全体の大局的な方針を決定する。欧州理事会を構成するのは、各加盟国の首相または大統領だ。

この最高意思決定機関である欧州理事会に対し、より具体的な政策を取り決めていく機関が「ＥＵ理事会」だ。ＥＵ理事会は各国の閣僚によって構成されており、各分野ごとに担当閣僚が出席している。ＥＵ理事会は欧州連合理事会・閣僚理事会という名前で呼ばれることもあり、会合は本部のあるブリュッセルで行われている。

そして、ＥＵをひとつの国家として考えた場合、政府にあたるのが「欧州委員会」だ。欧州委員会は、欧州理事会やＥＵ理事会で決定した法律を実際に施行する機関で、各加盟国から選出された委員で構成されている。また、欧州委員会は法律の原案を欧州理事会・ＥＵ理事会に提出する役割も担っている。

民意を反映させるためにある欧州議会

ここまでに紹介したEUの機関と少し毛色が異なるのが、5年に一度、欧州市民による直接選挙で選出される「欧州議会」だ。

750名からなるこの議会はまさしく市民の代弁者といえるもので、EUの政策に対し民意を反映させるという意味で、重要な役割を担っている。

従来、その権限は弱く、政策決定手続きにおいて存在感は小さかったが、EUという組織が成熟していく中で、政策決定に民意を反映させる重要性が高まっていった。その結果、多くの分野の政策決定に、欧州議会の賛成が求められるようになり、ほかの機関に劣らない重要な役割を担う機関となったのだ。

さらに、2009年に結ばれたリスボン条約により、一部の分野をのぞくほぼすべての政策分野で、欧州議会の法的権限は大幅に拡大。その権限はより大きくなったのである。

Six Dun / Shutterstock.com

半円形をした欧州議会の会議場。ここでヨーロッパ全体に関わる様々な重要事項が話し合われる

いまこそ知りたい

どうすればEUに入れるの？

実際にEUに加盟するには、前提条件がある

最も新しい加盟国であるクロアチアが２０１３年に加入したことにより、ＥＵを構成する国家は28を数える大所帯となった。ここでは、非加盟国がＥＵに加入するための条件を学んでいこう。

原則的にＥＵへの加盟申請は、ヨーロッパのどの国でも行うことができる。申請を受けたＥＵ側は、ＥＵ理事会と欧州委員会で協議をし、最終的には欧州議会の承認を得て、全会一致ならば正式な加盟交渉にのりだす。

条約上はこのように決められているのだが、実際のところは「ヨーロッパの国であれば、どんな国でもＯＫ」というわけではないようだ。やはり、加盟を申請する国には、満たすべき前提条件があるのだ。

この前提条件、つまり「どのような国がＥＵに加入するのにふさわしいか」について明示されたのが、１９９３年に定められた「コペンハーゲン基準」である。具体的には「民主的な統治をして、人権を尊重しているか」「市場経済が機能しているか」「ＥＵの義務と目的を受け入れることができるか」といったことを記したものなのだが、裏を返してみれば、ＥＵは「特定の政治原則や経済体制の国以外を受け入れない」という姿勢を浮き彫りにした内容だともいえよう。

EUROPEAN UNION

現在も多くの国と加盟交渉中

実際に加盟を申請した国があった場合、ＥＵはその国と連合協定を締結し、財政援助や人材育成援助を通して、加盟に必要な法令整備をするといった手順を踏む。つまり、しっかりとフォーマットを敷いた上で、その国家を仲間に迎えるのである。

Shutterstock.com

加盟候補国のひとつであるマケドニア。かのアレクサンダー大王が治めていた地として有名

加盟については、現在も多数の国家と交渉が続けられている。その代表的な国家がトルコだ。トルコはＥＵと協調関係にあり、１９９９年には正式な加盟候補国となった。しかし、トルコでは軍隊が大きな権力を持っていることから、きちんと民主的が統治がなされているのか疑わしいといった反対意見もあり、ＥＵ加盟はいまだ叶っていない。トルコが巨大なイスラム教国家であることも、懸念の材料であるようだ。

そのほかにも、マケドニア共和国、アイスランド、モンテネグロ、セルビアなどが加盟候補国にあげられている。

いまこそ知りたい

ＥＵに入るメリットは？

国家間での戦争が起きづらくなる

ＥＵに加入するメリットとは、一体どんなものなのだろうか。まずは個人レベルで考えてみよう。なによりも大きいメリットは、自由に国境を行き来できることだろう。出入国審査がないので、いちいちパスポートを持つ必要もないし、国外で買い物をするにしても、両替をせずにユーロを使うことができる。また、円高・ドル安といったような為替変動もないので、混乱を避けることができる。

また、移住に面倒な手続きは必要ないし、国外留学や国際交流も特別なことではないので、他国のことを気軽に知ることができることも、ＥＵ加盟国の特権といっていいだろう。さらには、万が一、国外で犯罪に巻き込まれるようなことがあっても、加盟国同士で警察が連携しているので、法律の違いによる不利益や理不尽を被ることもない。

それでは、国家としてメリットを考えた場合はどうだろう。まず、ＥＵ加盟の最大のメリットは、戦争に発展しづらいことだといえる。ＥＵは国家同士の相互協力関係であるだけに、加盟国には、相手の国への依存が少なからず存在する。戦争を起こすことで受けるダメージを考えるなら、加盟国同士で戦争をするというのは、ありえない選択肢なのだ。

財政危機の際には資金援助までしてくれる

また、ＥＵ外の国から攻め込まれるような事態が起きたとしても、ＥＵ全体で援護や支援をしてくれるのは、大きなプラスだろう。特に国力の弱い国家にしてみれば、ドイツやフランスといった強国の後ろ盾は、非常にたのもしい。

また、外交上でもＥＵの恩恵はあり、小さな国家でも加盟している限り、アメリカや中国といった大国と、同等に渡り合うことができるのだ。

そして、軍事面や外交面だけでなく、経済面でもＥＵ加盟は心強い。貿易の際に余計な関税がかからないことももちろんあるのだが、ギリシャ財政破綻の例のように、国の借金が膨らんでどうしようもなくなった場合は、最終的にはＥＵが資金援助や財政再建プランの提示までしてくれるのだ。もちろん、そうなってしまった場合は、ＥＵが定めたペナルティを受けることになるが……。

Shutterstock.com

EU加盟国間を行き来するのであれば、パスポートが必要ないのは旅行者やビジネスマンにとって有用だ

いまこそ知りたい

ＥＵに入るデメリットは？

単一市場による自由競争には、光もあれば影もある

ＥＵへの加入は良いことばかりに思えるが、デメリットはあるのだろうか。ここでは、ＥＵ加盟によって生じるデメリットについてふれていきたい。

ＥＵはユーロの導入や移動の自由によって、ＥＵ内全体に単一の市場をつくってきた。これは競争力のある業者からすれば顧客を増やして大きな利益を生むチャンスであるし、消費者からすれば欲しい品物を好きな国で、より安く手に入れられるということになる。

しかし、競争力の弱い業者からすれば、自国の顧客を他国に取られてしまい、業績が悪化して倒産・失業といった憂き目にあってしまうこともありえるのだ。さらには、競争相手に負けまいとしてコストカットに走り、労働者の賃金が据え置かれたり、長時間の労働を強いられたりすることもあり、労働状況が悪化することも考えられる。過度な競争の結果、天然材料からより安い化学材料に乗り換え、それが健康被害を生んだり、場合によっては環境汚染につながってしまうこともあるだろう。

また、入国審査がないということは、犯罪者の逃亡を容易にしてしまったり、違法な薬物がＥＵ全体に広まってしまったりするというデメリットもある。

加盟による負担は豊かな国のほうが大きい

意外かもしれないが、国家レベルで考えた場合、EU加盟のデメリットは経済的に豊かな国に降りかかることが多いといえる。

たとえば、EUは加盟国全体に均一性を求めるため、豊かな国は貧困国に比べて、あらゆるところで多くの出資を強いられる。つまりは、経済的に豊かな国が、お金のない国のぶんまで面倒を見なければいけないのだ。

Shutterstock.com

EU加盟国では経済競争が活発化するゆえに、失業に追い込まれてしまうケースも少なくない

これでは、参加することでメリットがあると思って加盟したはずなのに、逆にEUのルールに縛られてしまうことになる。

難民の流入問題もあるので一概にはいえないが、今回のイギリスによるEU離脱問題は、こういった理由に起因するところも大きい。

また、EUは全体の統一性を重視するので、足並みをそろえるために自国の主張を曲げなければいけないことも多々あるのだ。

いまこそ知りたい

EUの根幹 マーストリヒト条約

EU誕生の際に制定された基本条約

EUは、1958年に発効された「ローマ条約」と、1993年に発効された「マーストリヒト条約」（欧州連合条約）の2つの条約を根拠として成り立っている。ここでは、ECがEUへと変化する1993年に定められたマーストリヒト条約について紹介していこう。

マーストリヒト条約が結ばれた1993年のヨーロッパは、ベルリンの壁が崩壊し、まさに激動の真っ最中。社会主義から自由主義へと転換した旧東側諸国が、ヨーロッパの市場に一気に流れ込んだため、ECとしても組織のあり方を見なおし、お互いの結束をさらに強くしなければならない時期だった。もちろん、それらの旧東側諸国を懐柔し、どのようにECに加盟させていくのかも、大きな課題となってくる。

それらの課題を解決すべく、オランダのマーストリヒトで調印されたこの条約は「欧州共同体」、「外交・安全保障の共通化」、「司法・内務の協力」の3つの柱から成り立っており、経済的協力関係だけでなく、政治的協力関係を同時に実現しようという革新的なものとなった。こうしてマーストリヒト条約が締結されたことにより、EUが誕生するに至ったのだ。

条約には、修正が加えられることもある

このマーストリヒト条約は、ＥＵが新しい課題に直面するごとに、内容をフレキシブルに修正していくのも特徴のひとつである。

たとえばマーストリヒト条約の刑事・警察分野の扱いや安全保障政策、雇用問題などについて、大幅な変更を加えたのが１９９９年に発効された「アムステルダム条約」である。この条約により、ＥＵ内における市民権や個人の権利が、より強くなった。このアムステルダム条約のように、基本条約を修正する条約のことを改革条約と呼ぶ。

また、直近では２００９年発効の「リスボン条約」によってローマ条約に修正が加えられ、次項で解説する「欧州連合基本権憲章」が、法的な拘束力を持つことになった。このような改革条約は、特に単一通貨を流通させる際に大きな役割を果たし、ユーロ導入の実現に貢献したのである。

Shutterstock.com

EUの根幹をなす「マーストリヒト条約」は、歴史あるオランダ最古の町マーストリヒトで結ばれた

いまこそ知りたい

欧州連合基本権憲章とは？

人権に対する共通意識という課題

同じヨーロッパの国であるとはいえ、人権に対する考え方は国によってさまざまだ。進歩的な国もあれば、前時代的な国もある。多数の国家の集まりであるEUにとって、それはお互いに共通意識を持たなければいけない課題のひとつだった。

そもそも、EUの前身である「欧州経済共同体」と「欧州原子力共同体」の基本条約である「ローマ条約」には、人権に関する条項はなかった。それをもとにEUの基本条約である「欧州連合条約」をつくったので、人権に関する記述がすっぽりと抜け落ちていたのだ。

これは考えてみれば当然のことで、経済的・政治的な相互協力のみを目的とする組織ならば、人権に対する明文化は必要はない。

しかし、EUという組織が少しづつ姿を変え、成熟していくなかで、人権に対する言及が必要不可欠となってきた。ようするに、EUは当初の経済的・政治的な協力のみの組織から、より結びつきが強い組織に変化してきたのだといえるだろう。

こうして完成した欧州連合基本権憲章は、当初は法的な力を持つものではなかったが、EUの基本条約を修正するリスボン条約（２００９年）によって、法的権限を持つものとなったのだ。

Shutterstock.com

写真はポルトガルの港町リスボン。ちなみにポルトガルは1986年にEUに加盟している

EU市民の基本的人権を明文化する

この「欧州連合基本権憲章」は、具体的には、拷問・奴隷・死刑などを禁止する「尊厳」(1章)、家庭生活の尊重、個人情報の保護、思想や宗教の自由、教育や職業選択の自由などを定める「自由」(2章)、法のもとの平等、差別の禁止、子ども・高齢者・障害者の権利を記した「平等」(3章)、労働者の権利、社会保障・医療を受ける権利、環境保護などについての「連帯」(4章)、選挙権や移動・居住の自由についての「市民権」(5章)、公正な裁判を受ける権利、法律遵守などについての「司法」(6章)、憲章の解釈について明記した「一般規定」(7章)などからなり、時代の変化によって修正を加えている。

現在では、欧州連合基本権憲章がきちんと機能しているかをチェックする「欧州基本権機関(FRA)」も設立され、人権に関する支援を行ったり、人権侵害が行われていないかに目を光らせている。

いまこそ知りたい

イギリスとフランスを結ぶユーロトンネル

ヨーロッパ統合の象徴として開通

ＥＵが結成された翌１９９４年、海底トンネル「ユーロトンネル」が完成した。このトンネルはイギリスとフランスの間に横たわるドーヴァー海峡をつなぐもので、まさしく〝ヨーロッパ統合の象徴〟と呼ぶにふさわしいもの。開通式典には、イギリスのエリザベス女王とフランスのミッテラン大統領も出席し、祝辞の言葉を述べた。

そもそも、19世紀後半からドーヴァー海峡をつなぐ海底トンネルの計画はあったのだが、イギリス側から掘削をはじめたところで工事は頓挫。その後も、なかなか工事再開には至らなかった。

１９８０年代中盤になってようやく、両国認可のもと工事が再開。10年近い歳月を費やして完成したトンネルは、シャトル列車が乗客と自動車をのせて50キロメートルの旅路をゆくという優雅なものとなった。ちなみに、長さは日本の青函トンネル（54キロメートル）に次ぐ世界第２位で、ユーロトンネルという名前は運営会社の名前で、トンネルそのものは「英仏海峡トンネル」という。

はたしてユーロトンネルは、ヨーロッパ統合の象徴をひと目見たいという乗客で連日盛況となった。もう、海峡を渡ってもパスポートは必要ないのだし――。人々は、ユーロトンネルをＥＵの明るい未来に重ね合わせてよろこんだのだった。

段々と経営が苦しくなり、ついに破綻

もともとドーヴァー海峡を渡る交通手段はフェリーくらいしかなかったので、ユーロトンネルは両国を行き来する人々に重宝された。しかし、開通から2年後の1996年に、貨物列車上のトラックが出火して大規模なトンネル火災が発生。完全復旧まで約半年もの時間がかかった。

この火災をきっかけに、乗客数は徐々に減少。客足が遠のいた原因は火災だけでなく、フェリーとの価格競争に敗れたことも関係している。また、建設費や維持費も高騰し、ユーロトンネルは段々と経営難に陥っていったのだった。

そして2006年、ついにユーロトンネルは多額の借金を背負って経営破綻。現在は、新会社がトンネルの運営を引き継いでいる。ヨーロッパ統合の象徴として華々しく登場したユーロトンネルだが、未来は明るいことばかりというわけではなかったようだ。

EQRoy / Shutterstock.com

ユーロトンネルを走る電車のひとつ、ユーロスター。最高時速は300kmだが、トンネル内は150km程度で走行

いまこそ知りたい

データで見るEU（総人口、GDPなど）

EU全体ならば、GDPは世界第2位

続いては、データからEUを見てみよう。現在、28の国家からなるEUの総人口は5億820万人で、日本の約4倍となっている。

また、EU全体の総面積は429万平方キロメートルで、日本の約11倍。面積と人口の比率から考えると、日本ほどには人が密集していないことがわかる。EU内の人口密度を国別で見ていくと、第1位はマルタで、2位はオランダ、3位はベルギーと続く。ドイツ（5位）やフランス（11位）などのメジャーな国家が上位かと思いきや、国土のサイズも加味すると、このような結果となるようだ。

GDP（国内総生産）を見ていくと、EU全体として考えた場合は16兆2204億ドルで、アメリカに次ぐ世界2位となる。国別で見た場合、上位にランクインするのはドイツ（3兆3576億ドル）、イギリス（2兆8493億ドル）などで、アメリカ、中国、日本に次ぐものとなっている。

また、GDPの総額をその国の人口で割った「一人当たりGDP」は、3万7852ドルとなる。これはベルギーを単一の国として算出した数字と同じ程度のもので、世界22位に止まる結果だ。ちなみに、この一人当たりGDPの世界1位は、同じEU内のルクセンブルク。決して裕福な国とはいえないのだが、極端に人口が少ないことが理由でダントツのトップなのだ。

CO_2排出量削減率はＶＷ社問題で疑問が

ここからは、社会的な面をデータで見ていこう。ＥＵの失業率は9・4％で、世界31位。同じＥＵ内のアイルランドとほぼ同じ数字だ。しかし、失業率は年々下がっていく見通しがたっている。

また、環境問題にも強く取り組むＥＵのＣＯ2排出量は、全体で約35億トン（世界3位）と高い数値のように思えるが、２００８～２０１２年の間に12・2％の削減を達成した。しかし、昨年発覚したフォルクスワーゲン社によるＣＯ2排出量偽装問題を受けて、この数字がどこまで信憑性のあるものか、疑問が持たれている。

ちなみに、世界遺産の登録数を世界ランキングで見てみると、1位はイタリア（51件）、3位はスペイン（45件）、4位フランス（42件）、5位ドイツ（41件）と、ＥＵは圧倒的な登録数を誇っている。ＥＵにとって観光は重要な財源であることがわかるデータだ。

Shutterstock.com

EUの総面積は、アメリカや中国の約半分。ヨーロッパの国々がいかに狭いかがよくわかる

EUにはどんな国が加盟しているのか!?

Germany

ドイツ
（ドイツ連邦共和国）

EU加盟年	1952年7月23日
首都	ベルリン
人口	8,250万人
面積	356,854㎢
公用語	ドイツ語
通貨	ユーロ
政治形態	連邦共和制

○○で世界1位

ビザ免除で入国可能な国の数ランキング1位

EU 加盟国紹介

全27カ国

EUに加盟しているのは現在28カ国だが、離脱を表明したイギリスをのぞく27カ国（イギリスのデータはP.43で紹介する）の完全データ。EU加盟国の重要な部分をまずは知っておこう。

※データは2015年7月のもの。

Belgium

イタリア
（イタリア共和国）

EU加盟年	1952年7月23日
首都	ローマ
人口	5,880万人
面積	301,263㎢
公用語	イタリア語
通貨	ユーロ
政治形態	共和制

○○で世界1位

若者のニート率ランキング1位

France

フランス
（フランス共和国）

EU加盟年	1952年7月23日
首都	パリ
人口	6,340万人
面積	547,026㎢
公用語	フランス語
通貨	ユーロ
政治形態	共和制

○○で世界1位

チーズの1人あたり年間消費量ランキング1位

Belgium

ベルギー

（ベルギー王国）

EU加盟年 1952年7月23日

首　都 ブリュッセル

人　口 1,050万人

面　積 30,158km²

公用語
オランダ語、フランス語、ドイツ語

通　貨 ユーロ

政治形態 立憲君主制

○○で世界1位
供給カロリーランキング1位

Nederland

オランダ

（オランダ王国）

EU加盟年 1952年7月23日

首　都 アムステルダム

人　口 1,657万人

面　積 33,718km²

公用語 オランダ語

通　貨 ユーロ

政治形態 立憲君主制

○○で世界1位
健康な食事ランキング1位

Luxembourg

ルクセンブルク

（ルクセンブルク大公国）

EU加盟年 1952年7月23日

首　都 ルクセンブルク

人　口 46万人

面　積 2,586km²

公用語
フランス語、ドイツ語、ルクセンブルク語

通　貨 ユーロ

政治形態 立憲君主制

○○で世界1位
年金見込み額ランキング1位

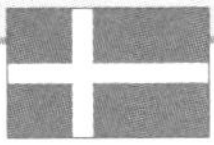

Danmark

デンマーク

（デンマーク王国）

EU加盟年 1973年1月1日

首　都 コペンハーゲン

人　口 540万人

面　積 43,094km²

公用語 デンマーク語

通　貨 デンマーク・クローネ

政治形態 立憲君主制

○○で世界1位
政治家のクリーン度ランキング1位

Ireland

アイルランド

（アイルランド）

EU加盟年	1973年1月1日
首都	ダブリン
人口	434万人
面積	70,282㎢
公用語	アイルランド語、英語
通貨	ユーロ
政治形態	共和制

〇〇で世界1位

よい国ランキング1位

Greece

ギリシャ

（ギリシャ共和国）

EU加盟年	1981年1月1日
首都	アテネ
人口	1,110万人
面積	131,957㎢
公用語	ギリシャ語
通貨	ユーロ
政治形態	共和制

〇〇で世界1位

大学進学率ランキング1位

Portugal

ポルトガル

（ポルトガル共和国）

EU加盟年	1986年1月1日
首都	リスボン
人口	1,064万人
面積	92,391㎢
公用語	ポルトガル語
通貨	ユーロ
政治形態	共和制

〇〇で世界1位

コルクの生産量ランキング1位

Spain

スペイン

（スペイン王国）

EU加盟年	1986年1月1日
首都	マドリード
人口	4,380万人
面積	504,782㎢
公用語	スペイン語
通貨	ユーロ
政治形態	立憲君主制

〇〇で世界1位

平均出産年齢ランキング1位

EU加盟国紹介

Finland

フィンランド
(フィンランド共和国)

EU加盟年	1995年1月1日
首都	ヘルシンキ
人口	530万人
面積	338,000㎢
公用語	フィンランド語、スウェーデン語
通貨	ユーロ
政治形態	共和制
○○で世界1位	もっとも読み書きができる国ランキング1位

Austria

オーストリア
(オーストリア共和国)

EU加盟年	1995年1月1日
首都	ウィーン
人口	820万人
面積	83,870㎢
公用語	ドイツ語
通貨	ユーロ
政治形態	連邦共和制
○○で世界1位	世界生活環境ランキング1位(ウィーン)

Romania

ルーマニア
(ルーマニア)

EU加盟年	2007年1月1日
首都	ブカレスト
人口	2,150万人
面積	237,500㎢
公用語	ルーマニア語
通貨	レウ
政治形態	共和制
○○で世界1位	チョコレート1人当たりの年間消費量ランキング1位

Sweden

スウェーデン
(スウェーデン王国)

EU加盟年	1995年1月1日
首都	ストックホルム
人口	920万人
面積	449,964㎢
公用語	スウェーデン語
通貨	スウェーデン・クローナ
政治形態	立憲君主制
○○で世界1位	晩婚の国ランキング1位

Hungary

ハンガリー

（ハンガリー共和国）

EU加盟年	2004年5月1日
首　都	ブタペスト
人　口	996万人
面　積	93,024㎢
公用語	ハンガリー語
通　貨	ユーロ
政治形態	共和制

〇〇で世界１位

消費税ランキング1位

Bulgaria

ブルガリア

（ブルガリア共和国）

EU加盟年	2007年1月1日
首　都	ソフィア
人　口	770万人
面　積	111,000㎢
公用語	ブルガリア語
通　貨	レフ
政治形態	共和制

〇〇で世界１位

旅行者物価の最も安い都市ランキング1位（ソフィア）

Slovakia

スロバキア

（スロバキア共和国）

EU加盟年	2004年5月1日
首　都	ブラティスラヴァ
人　口	540万人
面　積	48,845㎢
公用語	スロヴァキア語
通　貨	ユーロ
政治形態	共和制

〇〇で世界１位

タバコ税ランキング1位

Czech

チェコ

（チェコ共和国）

EU加盟年	2004年5月1日
首　都	プラハ
人　口	1,030万人
面　積	79,000㎢
公用語	チェコ語
通　貨	チェコ・コルナ
政治形態	共和制

〇〇で世界１位

薄毛率ランキング1位

EU加盟国紹介

Cyprus

キプロス
（キプロス共和国）

EU加盟年	2004年5月1日
首都	ニコシア
人口	78万人
面積	9,251㎢
公用語	ギリシャ語、トルコ語
通貨	ユーロ
政治形態	共和制

〇〇で世界1位
世界一長い国歌ランキング1位
（ギリシャと同じ国歌）

Poland

ポーランド
（ポーランド共和国）

EU加盟年	2004年5月1日
首都	ワルシャワ
人口	3,852万人
面積	312,685㎢
公用語	ポーランド語
通貨	ズウォティ
政治形態	共和制

〇〇で世界1位
世界で最も強い酒ランキング1位
（スピリタス　アルコール度数96%）

Slovenia

スロベニア
（スロベニア共和国）

EU加盟年	2004年5月1日
首都	リュブリャナ
人口	200万人
面積	20,273㎢
公用語	スロヴェニア語
通貨	ユーロ
政治形態	共和制

〇〇で世界1位
養蜂研究の歴史ランキング1位

Malta

マルタ
（マルタ共和国）

EU加盟年	2004年5月1日
首都	ヴァレッタ
人口	40万人
面積	316㎢
公用語	マルタ語、英語
通貨	ユーロ
政治形態	共和制

〇〇で世界1位
世界で最もリスクの低い国
ランキング1位

Lithuania

リトアニア

（リトアニア共和国）

EU加盟年	2004年5月1日
首　　都	ヴィリニュス
人　　口	340万人
面　　積	65,301㎢
公 用 語	リトアニア語
通　　貨	ユーロ
政治形態	共和制

○○で世界1位

人口10万人あたりの
自殺者数ランキング1位

Estonia

エストニア

（エストニア共和国）

EU加盟年	2004年5月1日
首　　都	タリン
人　　口	130万人
面　　積	45,227㎢
公 用 語	エストニア語
通　　貨	ユーロ
政治形態	共和制

○○で世界1位

空気がきれいな国ランキング1位

Croatia

クロアチア

（クロアチア共和国）

EU加盟年	2013年7月1日
首　　都	ザグレブ
人　　口	440万人
面　　積	56,542㎢
公 用 語	クロアチア語
通　　貨	クーナ
政治形態	共和制

○○で世界1位

移動距離の短いケーブルカー
ランキング1位

Latvia

ラトビア

（ラトビア共和国）

EU加盟年	2004年5月1日
首　　都	リガ
人　　口	230万人
面　　積	64,597㎢
公 用 語	ラトビア語
通　　貨	ユーロ
政治形態	共和制

○○で世界1位

女性の平均身長が高い国
ランキング1位

イギリスEU脱退の衝撃

BREXIT

国民投票によって、EU脱退が決定したイギリス。それはイギリス1国だけの問題にとどまらず、世界を震撼させるきっかけとなった。

U.K

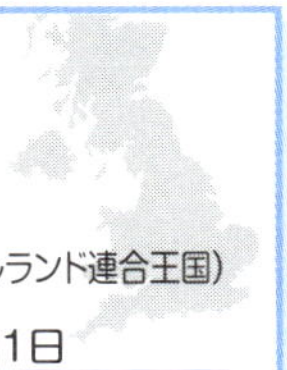

イギリス

（グレートブリテンおよび北アイルランド連合王国）

EU加盟年	1973年1月1日
首　都	ロンドン
人　口	6,040万人
面　積	244,820㎢
公用語	英語
通　貨	英ポンド
政治形態	立憲君主制

○○で世界1位

本をよく読む国ランキング1位

※データは2015年7月のもの。

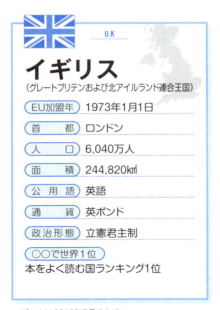

なぜ、国民投票でＥＵ脱退が支持されたのか？

２０１６年６月23日に行われたイギリスのＥＵ離脱を問う国民投票では、離脱派が全体の51・9％（約１７４１万票）の支持を得て勝利を収めた。イギリスの調査会社ユーガブによる投票直前の調査では、残留派が52％という予想が発表され、多くのニュースメディアでも「残留」という予想が大勢を占めていた。ところがふたを開けてみれば、まさかというべき離脱派の勝利。世界中に衝撃が走った。

なぜ、国民の総意はＥＵ離脱へと傾いたのか。国民すべての腹の内をうかがい知ることは難しいが、その理由を解くキーワードは「移民・難民問題」とイギリスの「自決意識」にあるといえる。

近年でもシリアなどからの難民流入が欧州中で問題になっているが、ＥＵには「難民の受け入れを断ることができない」というルールがあり、移民についても特別な理由がなければ入国を拒否することができないと決められている。こうした移民や難民は貴重な労働力になってくれる反面で、自国民にはデメリットとして映る面も少なくない。

例えば雇用面を見れば、移民や難民によって雇用が奪われるだけでなく、〝安い労働力〟が増えることは労働賃金の低下を招く原因にもつながるともいえる。加えて、イギリスは社会福祉に手厚いため、移民・難民が流れてきやすいという側面もあり、彼らの社会保障費を税金で賄うことになれば、国と国民の負担が大きく膨らんでしまう。昨今では移民・難民の増加による治安への不安が

melis / Shutterstock.com

「REMAIN」＝EU残留を訴える若者の声もむなしく、イギリスはEUからの離脱が決定

高まっているのも事実だ。特にＥＵが発足した90年代中盤以降からは移民の数が増加の一途を辿り、今では毎年30万人以上の移民がイギリスに渡っている。これ以上の負担を避けるにはＥＵを脱し、独自の移民・難民政策に転換を図ろうと国民が考えても無理はない。

一方で、長い歴史を持つ王室を君主とし、18世紀の産業革命などで世界をリードしてきたイギリスは、自国のことは自国で決める自決意識がとりわけ高いお国柄でもある。ＥＵの加盟国でありながらユーロの流通やシェンゲン協定の実施を拒否し、独自の道を歩んできたことからもそれは見て取れる。ＥＵの官僚が決めた法律を守るというのは、そもそもイギリス国民の心情に合わないともいえるのだ。

今回の国民投票では、〝古き良き大英帝国〟を知る高齢者ほど離脱を支持していたという。そうした傾向からも以上の要因が国民感情に強く働いたことがうかがえる。

イギリス中に衝撃が走った残留派議員の銃撃事件

残留派VS離脱派――――。文字通り国内を二分した争いは大きな憎悪を生み、ある惨劇へと発展した。国民投票を1週間後に控えた2016年6月16日。野党・労働党のジョー・コックス下院議員は、自身の地元であるイギリス中部リーズ近郊のバーストールで国民投票に向けた演説会の準備にあたっていた。

コックスは前年の総選挙で初当選したばかりの若手女性議員。2人の子を持つ母でもある。政治家になる以前は、国際的NGOのオックスファムに所属。ブリュッセルやニューヨークの事務所に勤務し、紛争地の人道支援などに尽力していた。議員当選後は主にシリア問題などの対応に力を割き、労働党の期待の新星とも言われ、政治家として確かな一歩を歩み始めていた。アジアやアフリカのコミュニティが多い地域に生まれ育ち、国際支援に長く携わってきた背景から彼女は多文化共生を信条とし、今回の国民投票では残留を支持して積極的な活動を行っていた。しかし、そんな彼女の未来を凶弾が奪う。

事件は支援者との打ち合わせを終えたコックスが、会場の図書館を出た時に起きた。彼女に歩み寄った男が銃を取り出し、大声を上げる。

「ブリテン・ファースト（イギリスを第一に）」

男は2度にわたってそう叫ぶと、コックスに向かって銃を乱射した。コックスがその場に倒れて

もなお男は銃撃を続け、さらには横たわった彼女をナイフで刺したという。逃走するも程なくして逮捕された犯人は、極右団体と関わりを持つ52歳の庭師。精神疾患を患っていたとも言われ、犯行の動機は明らかにされていない。（なお、イギリスには「ブリテン・ファースト」という名の極右団体があるが、同団体の代表は犯人とのつながりを否定している）

　選挙戦の最中に起きてしまった惨劇に、イギリス中が悲しみに包まれた。残留派、離脱派はともに2日間にわたって活動を中断。16日の夜には現場近くの教会で追悼ミサが行われ、５００人以上の人々が参列した。また、この事件を受けて残留派のリーダーであるデービット・キャメロン首相は哀悼の意を表明。「我々は偉大なスターを失った」との声明を発表した。

　結果的に国民投票には敗れたが、コックスの死は残留派への同情を集め、多くの浮動層が残留派支持へと流れるきっかけとなった。

Press Association/アフロ

EU離脱派の凶弾にたおれたジョー・コックス。浮動票は残留へと流れたものの……

イギリスのEU離脱に各国はどんな反応を示したのか？

イギリスのEU離脱によって真っ先に直接的な影響を受けるのは、もちろんEU加盟国の国々だ。イギリス国民投票の結果を受けて、ドナルド・トゥスク欧州理事会議長、マルティン・シュルツ欧州議会議長らEU首脳陣は、「自由で民主的な手続きにより、イギリス国民はEUを離脱するという望みを表明した。この決定は残念であるが尊重する」という共同声明を発表した。

EUに対して最も拠出金を出しているドイツのアンゲル・メルケル首相は「イギリス国民の決断を、とても残念に思っている。ヨーロッパ統一のプロセスにとって、分断の日になってしまった」と声明を発表。同じくEU主要国であるフランスのフランソワ・オランド大統領は「ヨーロッパは難しい試練に直面している。極右、極左、ポピュリズムが勢いづく危険が増大している」との懸念を示した。両者は、イギリスの国民投票から4日後の6月27日にイタリアを交えた3カ国首脳会談で今後の対応を確認。各国の連帯を改めて確認し、EUとの正式な離脱協議が始まるまではイギリスと個別で交渉しないことなどを決定した。

EU以外の主要国に目を向けると、イギリスと長きにわたり密接な関係を築いてきたアメリカでは、イギリスのEU残留を支持してきたバラク・オバマ大統領が「イギリスとEUの関係が変わっても、引き続き両者はアメリカにとってかけがえのないパートナーだ」という声明を発表。一方で別の会見では「英国のEU離脱は、世界経済の成長への長期的な懸念につながる」との考えを示し

360b / Shutterstock.com

EUで存在感を示すドイツのメルケル首相は「イギリス国民の判断を残念に思う」とコメント

た。また、次期アメリカ大統領選の共和党候補であるドナルド・トランプ氏は「イギリス国民は主権を取り戻した。これは素晴らしいことだ」と発言。自身の政治思想にもつながる結果に歓迎のコメントを残している。

政治・経済でＥＵとつながりの深いロシアのウラジミール・プーチン大統領は「ヨーロッパやイギリスだけでなく、我々を含めてグローバルな影響を与えるのは避けられない。プラスとマイナスのどちらの影響が多いかは今後分かるはずだ」と語り、立場は示さずに成り行きを見守る構えを見せている。また、近年イギリスとの関係を深める中国国内では、今回の離脱をイギリスおよびＥＵ諸国と距離を縮める好機として見る声もある。イギリスのＥＵ離脱の決断は、各国の立ち位置によって様々な形で受け止められたようだ。

ＥＵ脱退で今後のイギリスはどうなるのか?

ＥＵ離脱の決まったイギリスは今後、ＥＵ条約第50条に従って離脱の手続きを進めることになる。この条文には、加盟国がＥＵを離脱する場合、欧州首脳理事会に脱退の意思を通知してから2年をかけて脱退への交渉を行うことが定められている。国民投票後に発足したイギリス新政権は、欧州首脳理事会への通知を２０１６年中には行わないと表明しており、正式な離脱は２０１９年以降と見られる。

離脱手続きを完了すれば、イギリスはＥＵの法律に縛られず、自国で定めた法律によって統治が可能になる。しかし現時点では、多くのデメリットが際立って見えるのが実情だ。

例えば、ＥＵからの離脱はもちろんＥＵの単一市場からの離脱を意味する。貿易ではこれまでかからなかったＥＵ加盟国との間の関税が課されるようになる。もちろん輸入品の価格は上昇し、それが消費の減少につながりかねない。また、ヨーロッパ金融の中心地という現在のイギリスの地位も次第に薄れ、外資系銀行の多くが欧州の拠点をフランスやドイツへ移すと予想されている。

国家統治にも不安を抱える。ご存知のようにイギリスはイングランド、スコットランド、ウェールズ、北アイルランドという4つの国で構成される連邦国家であるが、すべての国で今回の国民選挙の結果が離脱派勝利だったわけではない。イングランドでは51・9％、ウェールズでは52・5％と過半数の得票を得た一方で、スコットランドでは38％、北アイルランドでは44・2％と残留派に大きく負けている。
人口の多いイングランドの票が結果を大きく左右したわけだが、残留派が大勢を占めた2カ国からすれば、いわば〝巻き込まれてしまった〟状況にあり、おおよそ納得のできない結果と言えるだろう。特にスコットランドは２０１４年にイギリスからの独立を問う住民投票を行ったばかり。この時は55・３%の国民が反対票を投じて残留となったが、ここにきて再び独立への気運が高まっている。

イギリスの国民投票の結果を受けて、スコットランド行政府のシオドア・スタージョン首相は「スコットランドでは有権者の過半数がＥＵ残留を望んでいる。民主主義の観点からいえば、離脱は受け入れがたい」と声明を発表し、近い将来、独立を問う住民投票を改めて行う意向を示した。スコットランドはイギリスとＥＵのどちらに残留するのか。成り行き次第によってはＥＵではなくイギリスが崩壊することにもつながりかねない。

Hadrian / Shutterstock.com

離脱決定翌日の新聞の一面には、キャメロン首相の青ざめた顔が掲載された

脱退国続出で、EUは危機を迎える？

イギリスの脱退はEUにとって加盟国が脱退する初めてのケースになる。これはいわば、強い結束でつながっていた28の加盟国に大きなほころびができてしまったようなものだ。いま最も懸念されているのは、今回のイギリスの決断が連鎖し、ドミノ倒しのように離脱国が相次ぐことである。

しかしながら、「移民・難民問題」がイギリス離脱の大きな要因であるとするならば、同様の現象が他の加盟国に起こってもおかしくはない。実際に昨今、主要国の政界には反EUの姿勢を掲げて、イギリスのような国民投票を目指す動きを見せる極右政党が台頭している。

フランスの「国民戦線」、オランダの「自由党」、スウェーデンの「民主党」、ドイツの「ドイツのための選択肢」などがそうした勢力だ。イギリス以上に根深い移民問題を抱えるフランスでは、近年躍進を続ける国民戦線のマリーヌ・ルペン党首が「我々が政権を取ったら、国民投票を必ず実施する」と宣言。

その一方で、オランダ・自由党のヘールト・ウィルダーズ党首は「ネグジット（オランダの離脱）を実現すべきだ」と訴える。イギリスの結果から鑑みれば、国民投票ともなれば、どの国も結果がどう転ぶか分からない。まさに先行きが読めない状況だが、主要国であるドイツ、フランス、オランダ、イタリアが次の離脱国となれば、一気にEU崩壊へと進むことは必至である。

これはイギリスで離脱派が支持された一因でもあるが、こうした反EU勢力が支持される背景に

Spectral-Design / Shutterstock.com

移民・難民問題が重くのしかかることで、EU離脱を選択する国が出る可能性はある

はＥＵに対する市民の不信感が根強くある。選挙で選出されたわけではない官僚によって決められた民意にそぐわない政策、過剰なまでの自国経済への干渉、富める国が貧しい国を支えなければならない不均等な構図など、あまりに広い地域のヒト・モノ・カネの流れを統一しようとした結果、増え過ぎた「押しつけ」のようなルールに人々は強い反感を覚えているのである。加盟国が拡大した今では「かつてほどＥＵに加盟している恩恵を感じない」という市民の声も多く、今後もＥＵが存続していくためには、ＥＵ自体のあり方を見直し、信頼を取り戻していくことが重要といえる。

ＥＵの首脳部としてはまず、第2、第3の離脱国を出さないためにも、これから始まるイギリスとの脱退交渉でイギリスに有利な条件を与えすぎないよう、断固たる姿勢を見せることが必要だ。そして、他のＥＵ加盟国にはＥＵに属するメリットを改めて示していかなければならないだろう。

イギリスの離脱で日本の株価が急落したのはなぜ?

イギリスの情勢は世界の株式市場にも大きな影響を与えた。離脱が決定すれば世界経済の見通しは不透明な状態に陥ると予測され、2008年のリーマン・ショック並みの衝撃となるとの見通しを立てる専門家もいたほどだ。投票前から欧州の主要国やアメリカの株式市場では、残留か離脱かの予想が立つたびに株価の上下を繰り返していたが、ジョー・コックス議員の銃撃事件があった6月16日以降は残留派優勢の予測が続き、株価にも上昇ムードが漂っていた。そして、国際市場の状況に連動して日本の株式市場も揺れ動いた。

イギリス国民投票の結果が残留優位という報道を受けて、6月24日午前の日経平均株価は上昇の動きを見せていた。しかし、午後になって離脱優勢の一報が伝わると株価は一気に急反発。市場は荒れに荒れた。結局、この日の終値は前日比1286円33銭安の1万4952円2銭をつけ、約1年8カ月ぶりの安値に。7・92%という下落幅は、ITバブルが崩壊した2000年4月17日以来、約16年ぶりの大きさとなった。

ヨーロッパ経済における見通しの不透明さが今回の株価急落の主因であるが、イギリスに進出している1000社近い企業や、ヨーロッパに関連する企業の株が大きく値を下げたことも大きい。さらには、この先の離脱交渉でイギリスとEUとの貿易に関税が課されることになれば、ヨーロッパの販売・製造拠点をイギリスに置く日本企業にとってダメージは計り知れない。

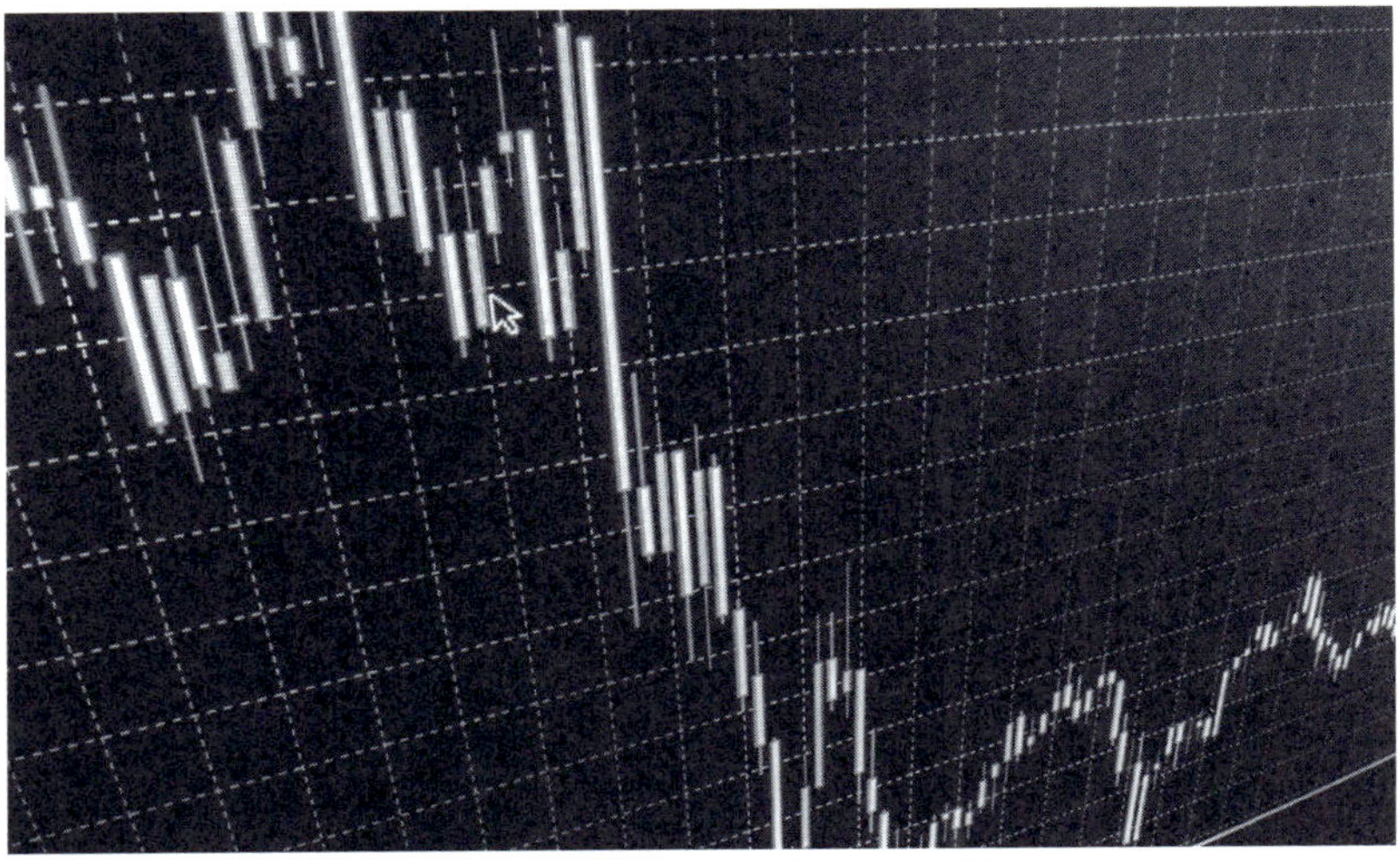

Shutterstock.com

一時期は1300円以上も下落した株価だったが、現在はある程度の落ち着きを取り戻している

今後もイギリスの動きが株価に影響することは間違いなく、日本企業のみならずイギリスから他のＥＵ圏に脱出を目指す外国企業が多く現れることだろう。

もうひとつ株価の急落に影響したのが、為替市場の急激な円安だった。こちらはヨーロッパの不安定な先行きによってポンドとユーロが大量に売られ、円が買われるという展開に。ポンドが１９８５年以来31年ぶりの安値をつけた一方で、１ドル１０４円９銭だった初値は一時99円台まで下落して２年７カ月ぶりの円高水準となった。

円高が続けば輸出産業の減収につながり、もちろん企業の株価にも影響する。今後イギリスがどんな政策を軸として歩んでいくのか、さらには経済においてＥＵ諸国とどのような関係を築いていくのかが不透明な以上、しばらくの間は世界の株式市場は不安定な状況が続くと見られている。

イギリスの新首相テリーザ・メイとはどんな人物？

国民投票から一夜明けた6月24日。ＥＵ残留派のリーダーだった、イギリスのデービット・キャメロン首相は辞意を表明。それに伴って実質的な次期首相を決める与党・保守党の党首選が行われることになった。世間では離脱派の牽引役となったボリス・ジョンソン前ロンドン市長を推す声が高かったが、彼は「次期首相になるべきなのは私ではない」として早々に不出馬を表明。その結果、いずれも閣僚経験のある5名の争いとなり、党内の下院議員による2度の投票によってテリーザ・メイ内相が新党首に決まった。

歴史上の重要な局面でイギリスのかじ取りを任されることになったメイ氏は、１９５６年イギリス南部のイーストボーンで生まれた。牧師の家庭に育った彼女は公立学校を卒業した後に名門オックスフォード大学へと進み、地理学を学んだ。12歳の頃には政治家を志していたといわれ、「鉄の女」マーガレット・サッチャーが首相に選ばれた時には「私が初の女性首相になるはずだったのに」と語っていたという逸話も残っている。大学卒業後はイングランド銀行に勤め、3度にわたる挑戦の末、１９９7年に初めて下院議員に当選。その後、野党時代の保守党で幹事長を経験するなど確かな実績を積み、キャメロン前政権では２０１０年から6年にわたって内相を務めた。

「私たちはイギリスの歴史の中でも重要な瞬間を生きています。国民投票に続いて大きな国際的変化に直面しています。私は偉大なるイギリスがどんな試練でも立ち上がれることを知っています。

Charlie Bard / Shutterstock.com

メイ新首相の夫は、キャピタル・グループ勤務の金融マン。オックスフォードの学生時代に知り合った

EUから離脱して、国際社会に大胆で新たな役割を築き上げるのです。そしてイギリスを少数の特権階級ではなく、私たち一人ひとりのための国にしましょう」

7月13日、エリザベス女王の任命を受けてイギリスの新首相に就任したメイ氏は就任会見で高らかにそう述べた。組閣においてはEU交渉担当相を新たに創設し、世間からの人気が高いジョンソン前市長を外相に任命するというサプライズ人事で話題を集めた。

ちなみに、日本のニュースなどではメイ首相の奇抜なファッションセンスが注目されている。彼女はモード誌「ヴォーグ」を定期購読するほどのオシャレ好き。エレガントな装いの中に遊び心の効いたアイテムを取り入れるスタイルは、時に「氷の女王」とも評される実直で力強い人柄の中にある女性らしい華やかさを見せてくれる。新時代のイギリスを創る新時代の女性政治家といえるのかもしれない。

現地レポート Part.1

イギリス在住者たちの生の声

ガイさん

54歳。父はイングランド人、母はスコットランド人。イングランド在住32年目。「タイムアウトロンドン」に17年勤務し、現在はフリージャーナリストとして活躍中。

Question 1

イギリスのEU離脱について、どう思うか？

ガイ：とにかくたくさんの問題を抱えていますね。多くの人にとって、さまざまなチャンスが失われるでしょう。経済、国の状況が最悪になるはずだ。離脱した途端にマーケットが暴落したが、この不況は長く続くと考えています。

Question 2

イギリスの脱退で、EUはどう変わっていくと思うか？

ガイ：わかりません。政府だってなにもわかっていないのだから。現在は、EU圏内であればどこへでも移り住むことができて、働いて税金を納めればその国で年金ももらうことができました。しかし今回の離脱問題でそれも失われた。実際、自分にはあまりイギリス人の友人がいません。非常に多国籍の友人が周りにいて、みんなロンドンで生活を送ることができて幸せだと言っているのに、とても残念に思います。

Question 3

周りにEU離脱派はいた？

ガイ：知り合いの歯医者ぐらいです。彼の自宅周辺に移民が多く住んでいることがあまり気に入らないらしくて。引っ越せば済む話なんじゃないかと思いますけどね。今回の離脱という結果には、とにかく失望しています。残りのEU国へのメッセージだと思う、悪い意味ですが。

Question 4

イギリスの新首相テリーザ・メイについての印象は？

ガイ：（前首相の）キャメロンはできる政治家だと思っていたけど、大きな誤ちを犯しました。彼自身も残留に票が傾くと確信していたはずだったろうけど、実際は最悪な結果になってしまった。テリーザ・メイに関しては、大丈夫だと期待しています。政治家はみんなダメだというけど、そんなことはない。皆、自分の意志を持って政治をしようと思っているんです。

Question 5

今住んでいる国や環境に満足しているか？ もしこの先、移住することがあればどこに住みたいか？

ガイ：イタリアに2年間ぐらいは住んでみたいですね。フランス語も勉強を続けていて、かなり上達してきたからフランスに移り住むのもありかなと思っています。妻がアメリカのパスポートを持っているから、アメリカに行ってもいいですね。

スーザンさん

51歳。ニューヨーク出身。イギリス在住26年。留学生として訪れたロンドンのクリエイティブで自由な雰囲気に感銘を受けて、移住を決意。現在はフルタイムの編集者として働く。

Question 1

イギリスのEU離脱について、どう思うか？

スーザン：ブレグジット（Britain＝イギリスとExit＝脱退をかけた造語。イギリスのEU離脱を表す）がすべてを崩壊させ、母国をひとつなくしたような思いです。最悪な決断。きちんと論理的に物事を進め、選挙を行うべきだったでしょう。

Question 2

あえてEUを離脱するメリットを見出すとしたら？

スーザン：シンガポールはマレーシアから独立したけれど、国の意思が強ければ、自国の強い経済や文化を構築することができるとは思います。けど、シンガポールと同じことをイギリスができるとは思えません。

Question 3

イギリスの脱退で、EUはどう変わっていくと思うか？

スーザン：まだどうなるかわかりません。離脱した朝にニュースを見たら、政府は何のプランもないことがわかって、本当に失望しました。それでいて政府は、一度決定したことは覆せないと言う。納得できないことは考え直すというのも、人間的な行為だと思うのですが……。

Question 4

新首相テリーザ・メイの印象は？

スーザン：意志が強く、クオリティーの高い政治家だとは思います。期待はしているけれど、今後の仕事を見てからではないと、まだわかりません。

悠理・ウプコフスカさん

37歳。徳島県出身。日本で美大を卒業後、ロンドンの美術大学に入学。ポーランド人の男性と出会い、その後結婚。現在は有名ホテルのレストランでペーストリーシェフとして働く。

Question 1

イギリスのEU離脱について、どう思うか?

悠理：経済、特にこれから国の要となる若い世代のことを考えたら、残留を選ぶべきだったでしょう。イギリス人が海外に出て働くこともできるし、イギリスにとっても彼らが移住する国にとっても、お互いにメリットがあると思いますから。

Question 2

次にEUを離脱しそうなのはどの国か?

悠理：スペインあたりかと。もしくは西ヨーロッパ。経済的に強いから、自立したいと思うのではないでしょうか。どこの国にも離脱を望む人や、保守的な考えを持つ人がいますから何が起きてもおかしくないでしょうね。

Question 3

イギリスに住む外国人として、イギリスが離脱したら自分の生活はどう変わると思うか?

悠理：正直良くわかりませんね。外国人に対する風当たりがすごく強くなるのではないかと思います。感情的な部分でも。

Question 4

EU加盟のメリットとデメリットとは?

悠理：最も大きなメリットは、輸出入の関税が掛からないこと、人の行き来が自由なことですね。一方では、一部の働かない移民がむやみに生活保護を受けています。これはデメリットでしょうね。

Column.1

ユーロの旗にはどんな意味があるのか？

青地に、円を描くように並ぶ12個の金色の星。これがEUのシンボルのひとつ「欧州旗」のデザインである。

欧州旗がシンボルとして採用されたのは、1985年のこと。以来、ユーロ紙幣やEU域内の運転免許証に描かれるようになり、EU市民にとって身近なものとなっている。

EU国旗には12個の星が円環状に並んでいるが、これにはさまざまな意味がある。12は「完璧」「統一」を表す数字であり、また時計のように規則正しい配置は、欧州市民の団結を表現している。初期EUに加盟したのが12カ国だから、という説もあるが、EU側はこれを正式には認めていない。

EUのシンボルは国旗だけではない。EUの歌もEUの象徴のひとつ。といってもこの歌は新しく作られたものではない。ベートーベンの交響曲第9番第4楽章「歓喜の歌」の主題部分をヘルベルト・フォン・カラヤンが編曲したものを採用している。

ちなみに歌詞はなくメロディーだけ。このメロディーは共通言語であり、EU加盟国市民の平和に対する賛歌という位置づけである。

EU市民の団結を示す欧州旗。EU域内のナンバープレートにも描かれているシンボルだ

Shutterstock.com

EU

European Union

いまこそ知りたい

Chapter 2

EUの活動内容

いまこそ知りたい

EUにできること

権限が明確化されたのは２００９年のこと

ＥＵと加盟国は、政策領域ごとに権限が分担されている。

そもそもＥＵの目的は、欧州に平和・安定・繁栄をもたらすことだ。このため、加盟国は基本条約の定める範囲内で、国家主権の一部をＥＵに譲渡している。なお、ＥＣ時代は条約に記載されていない分野においても権限を行使することがあり、権限拡大を危惧する声もあった。そこで１９９３年に発効されたマーストリヒト条約に、ＥＵ権限の行使に関する原則として「個別授権原則」「補完性原則」「比類性原則」が導入された。

以後、ＥＵの権限については「ＥＵに権限は存在するか（個別授権原則）」→「ＥＵは権限を行使すべきか（補完性原則）」→「ＥＵは権限をどのように行使すべきか（比類性原則）」という三段階のチェックを経て、行使されるようになった。

しかし、ほどなくして３つの原則だけでは権限拡張の抑制が不十分であることが分かった。その要因は、加盟国とＥＵの責任と権限の分担が整理分類されていなかったからだ。そこで２００９年、ＥＵはリスボン条約を発効し、何がＥＵの権限で何が加盟国の権限にとどまるのかが、新たに基本条約へと明記されることとなった。

EUの単独権限は5分野

リスボン条約によって明確化されたEUの権限は、排他的（専属的）権限、共有権限、補充的権限の3領域に分類されている。

排他的権限はEUが単独で責任と権限を任される権限で「関税同盟、単一市場のための競争ルール、ユーロ圏の金融政策、海洋生物資源の保護、共通通商政策」の5分野がある。この5分野の立法や国際協定の締結は、EUだけが行えることが特徴だ。

共有権限は、EUと加盟国がともに権限を持ち、一部の社会政策、農漁業、運輸、エネルギー、消費者保護などが挙げられる。ただし、これらはEUが権限を行使すると、加盟国の権限は失われることとなる（研究・技術開発、宇宙、開発協力、人道援助は除く）。

最後に補充的権限だが、これは加盟国の権限を前提としたものであるため、詳細は次項「EUにできないこと」（66ページ）で説明する。

pavel dudek / Shutterstock.com

EUの共通農業政策では、生産者保護のため最低価格保証などが決められている

いまこそ知りたい

EUにできないこと

補充的権限はあくまでも「支援する権限」

EUは欧州諸国（加盟国）による連合であり、国家のように絶対的な強制力を持っていない。それゆえに、EUが加盟国に代わって有する権限にも限りがある。前項「EUにできること」（64ページ）でも説明した通り、EUが単独で行使できる権限は「関税同盟、単一市場のための競争ルール、ユーロ圏の金融政策、海洋生物資源の保護、共通通商政策」の5分野のみだ。

このほか、EUと加盟国の共有権限では、13分野（単一市場、一部の社会政策、経済・社会・領域上の格差是正、農漁業、環境、消費者保護、運輸、欧州横断ネットワーク、エネルギー、自由・安全・司法領域、一部の公衆衛生上の安全問題、研究・技術開発・宇宙、開発協力・人道支援）があり、以上の計18分野を除けば、EUにはほぼ権限がないということになる。

一方、前項で挙げた補充的権限は、加盟国が分担する責任に対して支援できる権限のことだ。該当するのは「人間の健康の保護・改善、産業、文化、観光、教育・職業訓練・青少年・スポーツ、市民保護、行政協力」の7分野。ただし、この領域はあくまでも〝支援する権限〟であり、EU自体の分担責任にはできない。たとえば教育ならば、EUが交換留学を推進して大学教育の充実を支援することはできるが、各国の教育カリキュラムを統一する権限はないのだ。

Shutterstock.com

治安に不安を抱える欧州だが、EUでは徴兵して直属の軍隊や警察を組織することはできない

財政政策と雇用政策は加盟国の権限

なお、EUの単独権限にユーロ圏の金融政策があるが、財政政策と雇用政策に関しては加盟国の権限だ。EUには各国の経済政策において行使する権限はなく、政策の調整を行う環境を提供するにとどまっている。たとえば、安定・成長協定のもと、各国は過剰な財政赤字の防止・抑制に努めるといった具合だ。

ほかにも、人民を徴兵して直属の軍隊や警察を組織することはできないが、代わりに立法権を伴わずに行動できる共通外交・安全保障政策（CFSP）がある。安全保障においてEUは加盟国と協力し、共通の軍事的な危機管理作戦を行っている。

EUは広い権限を持つと言われるが、当然ながら国家レベルの強権を発動することはできないのが現状だ。将来的にEUが統一国家を目指し、多くの権限を有する統治体制になるかどうかは、加盟国政府および人々の実践にゆだねられている。

いまこそ知りたい

移民問題をどう解決するのか？

わずか5年間で難民申請数は約5倍に

「アラブの春」によって、アラブ世界で広がった民主化運動。２０１０年以降、アラブ諸国では弾圧や迫害を逃れて自国を脱出する人が急増し、その多くが欧州に流入している。

２０１０年、ＥＵ諸国に対する難民申請数は26万人だったが、シリアやアフガニスタンの情勢が悪化した２０１４年には50万人を突破。さらに２０１５年には前年の２倍以上となる１２５万人に達し、ＥＵはかつてない「欧州難民危機」に直面している。

こうした事態を受けて、ＥＵは２０１５年５月に「欧州移民・難民アジェンダ」を提示した。指針は「不法移民や強制難民が起きる根本原因への対処」「人命救助と対外国境の警備に焦点を立てた国境管理」「庇護を必要とする人々を守るための確固とした共通庇護政策」「合法的な移民・難民のための新政策」の４本柱となっている。

これに伴い、２０１４年から２０２０年の他年次予算として移民と国境管理に計上されていた70億ユーロのほか、追加７０００万ユーロ超を支援金として加盟国に給付。さらに、シリアをはじめとする庇護国に対して40億ユーロ、アフリカ大陸に18億ユーロを拠出するなど、対外的にも多額の予算を充当している。

EUROPEAN UNION

Janossy Gergely / Shutterstock.com

シリアなどの難民を多く受け入れいているのはドイツ。2015年だけで100万人以上を受け入れた

トルコとの難民対策合意

現在、EUが関係強化に努めているのはトルコだ。というのも、当初、難民は地中海ルートでイタリアに入るケースが多かった。しかし、密航業者や人身売買業者による被害が起きたため、EUは地中海の海上警備を3倍に強化。この結果、新たにバルカンルートと呼ばれるトルコ経由の流入が急増したのだ。

そこで2016年7月、トルコ経由の非正規移民対策を柱とする「EU・トルコ声明」を合意。「難民認定を受けられなかった庇護申請者をトルコに送還し、その費用をEUが負担」「トルコが送還を受け入れるシリア人1人に対し、トルコからEU加盟国にシリア人1人を定住させる」などの内容が盛り込まれ、トルコへの支援枠組として30億ユーロが設定された。

非正規移民が大幅に減少するなどの成果はあるが、根本的原因がアラブ情勢にあるだけに、引き続きEUは難民問題に追われることになりそうだ。

いまこそ知りたい

移動が楽なEU　どうやって犯人を捕まえる？

ほかの加盟国でも執行される欧州逮捕状

EU加盟28カ国のうち、26カ国は「シェンゲン圏」と呼ばれる領域が形成されている。シェンゲン圏では、EU市民は旅券検査などの出入国審査が廃止され、自由に移動することできる。

しかし、人の自由移動で注意すべきは、加盟国間の警察協力と刑事司法協力だ。たとえば、ある国の犯罪者が他国へ逃亡した際、犯罪が起きた国は容疑者が潜伏する国に対して引き渡しを請求する。このとき、引き渡しを請求された国は、その犯罪が自国でも犯罪とされているかなどをチェックし、場合によっては引き渡しを拒否するケースもある。

EUは自由移動が可能となった一方で、警察や刑事司法の仕事は各加盟国にゆだねられる。国境をまたぐ刑事事件を解決するためには、加盟国同士の協力体制が不可欠なのだ。そこでEUでは「欧州逮捕状」「ユーロポール」「ユーロジャスト」といったEU内の犯罪防止と撲滅を目指した仕組みが用意されている。

欧州逮捕状制度は、ほかのEU加盟国が発行した欧州逮捕状を、自国で承認・執行するシステムだ。犯罪組織への参加、テロ行為、殺人、サイバー犯罪など32の犯罪に対して適用され、欧州逮捕状を受領した加盟国では、当該行為が犯罪とならない場合でも執行できる効力を持つ。

ユーロポールとユーロジャスト

ユーロポールは、加盟国間の警察協力を支援する機関だ。ユーロポール担当官には容疑者を逮捕する権限はないが、情報を収集、分析、提供し、EU加盟国の警察を支援している。一方、ユーロジャストは加盟国の警察が国境をまたぐ犯罪に対し、実効的な捜査・執行を支援する刑事司法協力の促進機関だ。

両機関ともにオランダのハーグに拠点を置き、ユーロポールは1999年7月、ユーロジャストは2002年2月に設立された。テロや組織犯罪など、国境をまたぐ重大犯罪が増加するなか、これらの仕組みは対応策の柱として重要視されている。

なお、2014年9月には、両機関がインターポールと連携し、麻薬取引、人身売買、不法移民の仲介などに関わる組織犯罪壊滅の「アルキメデス作戦」を実施。この結果、コカイン599キロ、大麻1・3トンを押収し、1027人を逮捕する成果を挙げている。

Shutterstock.com

国家間の移動が容易なEU。それだけに国家をまたぐ犯罪者の取り締まりシステムができあがっている

いまこそ知りたい

EUの法律はどうなっているのか？

自国の法律よりも優先されるEU法

ＥＵには加盟国内の法律とは別に、ＥＵ全体で統一された「ＥＵ法」がある。一般的な国際条約の場合、締約国は自国の憲法に従い、国内裁判所が当該条約の解釈・適用を行っている。このため、同じ条約が関わる事案でも、締約国によって判決が異なるケースが発生する。しかし、ＥＵには「ＥＵ法の優越性」という原則が設けられており、加盟国の国内法とＥＵ法が矛盾した際はＥＵ法が優先的に適用されることになっている。

たとえば１９７０年代、イギリスの男女差別を禁止する法律には、例外規定として「労働者の退職年齢は対象外」とあった。一方、当時のＥＵ（ＥＣ）では「退職条件を含めて労働条件は男女平等」と定められていた。つまり、男女別の退職年齢は「イギリス法では合法・ＥＵ法では違法」という矛盾が起こるが、ＥＵ法が優先されるため、イギリスでも「労働者の退職年齢は男女平等」が適用されるのだ。こうしたＥＵ法の優越性を疑問視する声もあり、ドイツの連邦憲法裁判所をはじめ数カ国の裁判所では、人権規定や民主主義の原則といった自国の憲法の重要部分において「ＥＵ法と言えども優先できない」との考えを示している。ただし、ＥＵも人権を保障しているし、民主的な立法制度を取り入れているので、各裁判所も真っ向からＥＵ法を否定していないのが現状だ。

各加盟国の裁判所との関係

各加盟国の裁判所は、自国において国内法とEU法を適用する役割を担っている。しかし、国内裁判官は必ずしもEU法を熟知しているわけではない。このため、EU法の解釈や効力が争点となる場合、各国の裁判所は訴訟手続きを一旦停止して「EU司法裁判所」に統一的な判断を求めることができる。これは「先決付託」と呼ばれるEU独自の司法手続きだ。

国内裁判所から判断を求められた場合、EU司法裁判所はEU法の解釈をもとに「先決裁定」という判断を出す。その後、この先決裁定をもとに国内裁判所がEU法を適用し、最終判決を下す流れだ。

EU司法裁判所はEU法を司り、EU域内で平等に適用することを目的とする機関だ。国家における最高裁判所に相当するが、最終判決は国内裁判所にゆだねられるため、各加盟国の裁判所との関係は、上下関係ではなく協力関係と考えられている。

Peter Fuchs / Shutterstock.com

ルクセンブルクにあるEU司法裁判所。始まりは1952年に創立された欧州石炭鉄鋼共同体司法裁判所

いまこそ知りたい

EUの軍事力

EU独自の軍隊はないが多国籍部隊がある

2015年3月、ユンケル委員長が「欧州連合軍」の創設をほのめかして話題となったが、現時点でEUには独自に組織された常設軍はない。ただし、各加盟国の協力により、平和維持目的で活動する「EU部隊」や「EU戦闘部隊(EUBG)」が存在している。

EU部隊はEUおよび欧州理事会の指揮下にあり、NATO軍やPKO部隊と同様、必要に応じてその都度構成される部隊だ。これまでにボスニアやコンゴ民主共和国などへ派遣され、平和維持・治安維持の活動を行っている。

当初、EU部隊は「60日以内に6万人規模の部隊を最低一年間展開」を目標としていた。しかし、現実的に6万人規模の確保は難しく、また即応力に乏しいことが指摘された。そこで2004年、小規模で即応性に優れた部隊として導入されたのが「EUBG」である。EUBGは、危機時において15日以内に整備され、30日間展開可能な1500人の部隊だ。現在、常時ふたつのEUBGを待機させる体制が整えられている。

なお、こうしたEUの軍事活動は、軍事面の意志決定を行う「軍事委員会」や、軍事委員会に助言する「EU軍事幕僚部」といった常設組織によって運営されている。

イギリス脱退でEU軍構想が進む？

ＥＵの安全保障政策は、ＣＳＤＰ（共通安全保障・防衛政策）が基本原理となっている。加盟国が合意した場合に限り、可能な範囲で協力することが特色で、ＥＵの枠組みの中で立法権を伴わずに行動できる。

２００３年の「欧州安全保障戦略」では、テロリズム、大量破壊兵器の拡散、地域紛争、国家破綻、組織犯罪の５つを脅威と認識し、効果的な多国間主義に沿って対応することが合意された。

しかし近年、ＥＵにＩＳ（イスラム国）の空爆参加国が含まれていることから、欧州ではテロ事件が相次いでいる。また、イギリスが脱退すればＥＵ加盟国全体の軍事力としても痛手であるほか、アメリカ主導のＮＡＴＯから離れようとする声も出ている。

安全保障において大きな転換期を迎える中、ユンケル委員長が提案した「欧州連合軍」構想も、そう遠くない未来に実現するかもしれない。

Shutterstock.com

パリでの同時多発テロをはじめ、脅威を抱えるヨーロッパ。果たして欧州連合軍は実現するのか？

Column.2

なかなかEUに入れない国トルコ

EUへの加盟申請をしているにもかかわらず、なかなか加盟を認めてもらえない国がある。アジアとヨーロッパの文化が融合する国・トルコである。トルコがEU加盟を申請したのは1987年のこと。1997年にようやく受理されたものの、肝心の加盟交渉が開始されたのは2005年になってから。加盟を申請してから加盟交渉まで、実に18年もかかっており、これは異例の長さである。

なぜトルコのEU加盟は遅々として進まなかったのか？　その理由は、表向きにはクルド人への人権侵害などであるとしている。しかし、実際は違う。トルコをEUに入れたくない別の理由があるのだ。

そのひとつが、7500万人という人口だ。イギリスより人口の多いトルコは、それだけEU内で大きな影響力を持ち、急激な変化を起こしかねない。それを懸念する国があるのだ。

ふたつめは、ドイツへの移民が多いトルコがEUに加盟することにより、移民が増えすぎるがための弊害が危惧されること。

また、トルコ国民の大多数がイスラム教徒であるため、キリスト教徒の多い国が難色を示しているという点も挙げられる。「調和」「統一」を掲げるEUだが、その内情は決して一枚岩ではないのだ。

トルコのレジェップ・タイイップ・エルドアン大統領。彼の任期中にEU加盟はなされるか？

deepspace / Shutterstock.com

Report

欧州各国の人にインタビュー

今回のＥＵ離脱劇の主人公となったイギリスをはじめ、フランス、ドイツ、スペイン、ポーランド、アイスランド、エストニアの各国の人にインタビュー。歯に衣着せぬ発言から“リアルなＥＵ”が見えてきた。

Report

外国人にインタビュー　France

エリックさん

37歳。フランス人。
ドイツ・ハンブルグ出身、ベルリン在住
職業：ウェブデザイナー

フランス人の両親の元に、ドイツ・ハンブルグに生まれる。ジュネーブ、パリ、香港、ブリュッセルなどに住み、現在はベルリンに拠点を構える。会社員として10年間働いた後、昨年フリーランスとして独立。ウェブデザイナー、ヨガ講師として活躍。

イギリスは政治的にも経済的も弱体化するでしょう

――イギリスのEU離脱について、率直にどう思いますか？

エリック「ヨーロッパ全体にとって、ブレグジット（Britain ＝イギリスとExit ＝脱退をかけた造語。イギリスのEU離脱を表す）はひどい決定だと思います。離脱に傾いた票のほとんどは、イギリスがEUから離脱をすることで、実際に何が起こるのかよく理解していなかった人たち、もしくは、単に現政権に抗議を示したい人たちばかりだったというじゃないですか。イギリス以外のヨーロッパの国々に、非常に悪い前例として印象を残しました。今後、イギリスに触発されて、他国が極端な反応を起こさなければいいと願っています」

――では、イギリスの脱退で、EUはどう変わっていくでしょう？

エリック「経済的にも政治的にも弱体化するのではないでしょうか。今は多くのイギリス人がEU圏に移住し仕事に就いています。今後はそういうこともできなくなるのですから」

――あなたの住むドイツでEU残留か離脱かの投票があると？

エリック「残留に投票します。絶対にEU残留を支持します」

小国出身でも成功のチャンスがあるのがEUのメリット

――EU脱退を望む国が他にも現れると思いますか？　だとすればどの国だと予想します？

「今のところは、イギリスに続く国が現れる可能性はかなり低いと思います。ただ、ギリシャをEUから追放しようという圧力もあります。どうなるかはわからないですね」

――EU加盟国であることのメリットとデメリットを教えて下さい。

「まず第一に、複数の異なる国家が団結した、第二次世界大戦後の平和的なシンボルであると言えると思います。その制度の不透明さや、政治を統括する官僚のあり方などはデメリットとも言えますが、非常に多くのメリットがあるのも事実です。移動の自由、単一通貨の存在は、たとえ小さな国に生まれたとしても、望めば国際的に力のある大きな国で勉強や職を探し、そこでの生活を実現させてくれるのですから」

――今住んでいるベルリンに満足していますか？

「とても満足しています。多分、この街以上にいい場所なんて、この世界には存在しないんじゃないでしょうか」

イギリスのキャメロン前首相の不用意な発言がもとで行われた国民投票。その代償はあまりに大きい

Report

外国人にインタビュー　Estonia

オットさん

32歳。
ソビエト連邦出身、エストニア・タリン育ち。
職業：ミュージシャン兼音楽プロデューサー

旧ソビエト連邦に生まれ、バルト三国のひとつエストニアに育つ。現在はエストニアの首都タリンを拠点に、ミュージシャン兼音楽プロデューサーとして活躍。衣装デザイナーなどマルチに活躍するクリエイターの妻と、音楽やアート作品をたびたび共同制作している。

エストニアを独立させたいと願う部分もあるのは事実

――イギリスのEU離脱について、どう思いますか？

「ごく一般的な家庭や労働階級のイギリス人たちは、テロや不動産の崩壊、自らの職を失う恐れから、移民の排除について考えているのでしょう。ですが、私と妻のロンドンにいる友人に限れば、離脱に投票した人はいません。イギリスが最終的にEUを離脱するには数年はかかると言われています。どのような結果をもたらすかは、時間が経過しないとわからないですね」

――あなたの住むエストニアがイギリスのように国民投票をするようなことがあった場合、離脱と残留のどちらを望みますか？

「現状では、残留を望みます。ただ、私の中にあるささいな反抗心が、エストニアを独立させたいと願う部分もあるのは事実ですよ。まぁ、子ども心みたいなものです。独立の意思はあるけれど、実際には親離れできない、みたいな。EUの資金とセキュリティに加えて、ヨーロッパ各地を自由に行き来できることは、私にとって非常に重要です。ロシアの隣にある小さな国であるゆえ、EUの存在は我々の経済知的成長のために非常に大きな助けとなっていますね」

次にＥＵ離脱を望む可能性が高いのはオランダでしょう

——ＥＵ離脱を望む国が他にも現れると思うか？　だとすればどの国だと思いますか？

「他にも脱退する国が現れる可能性は、十分にあるでしょうね。右翼政党が力を持ち、国民のナショナリティが強い国だと思います。その可能性が最も高いのはオランダでしょうね。もしくはハンガリーでしょうか。ヨーロッパの社会的、歴史的な特性を特に考えるわけでもなく、ただ単に日常生活の側面的な部分のことだけを考えて、ＥＵからの脱却を願っているのだと思いますよ」

——ＥＵ加盟国であることのメリットとデメリットとは？

「最大のメリットは、ＥＵ圏内であれば仕事や勉強のために自由に移住できるということ。また、ＥＵ加盟国の中の経済力が乏しい国が、経済的に豊かな国から資金提供を受けられるというところにもあると思います。デメリットは、国それぞれが文化、経済、地理的な違いがあるのに、協定で定められたルールに足並みを揃えなければならないこと。特に移住に関して言えば、コントロールが非常に難しい部分ですよね」

オットさんは「イギリスと他の欧州諸国との仲間意識に影響を与えるのではないか」と危惧するが……

Report

外国人にインタビュー　Germany

シュテファンさん

36歳。
旧・東ドイツ出身、ベルリン在住。
職業：グラフィックデザイナー

旧・東ドイツの小さな町に生まれ育つ。大学ではグラフィックデザインを先攻。現在は、フリーランスのグラフィックデザイナーとして広告などを中心に、さまざまな仕事を手掛けている。ロンドン、パリ、東京などを転々としつつ、ベルリンを拠点に活動中。

イギリスの離脱はEUにとってよく言えば好機かもしれない

――イギリスのEU離脱をどう考えますか？

「さまざまなニュースを見る限りでは、まともとは言いがたい決定と思いますね。一部のイギリス人およびイギリス在住者にとっては、変革を望む強い意志、そして個人的な事情もがあるのだと思いますが、個人的にはとても悲しい決断だと感じます。これまでお互いに協力し合い取り組んできた同盟や関係性は崩壊するわけですし。ただ広い視点で捉えれば、EUの政治の戦略を見直す機会とも言えるかもしれませんね」

――EUはどのように戦略を変えるのがよいと思いますか？

「イギリスは国際社会と国際経済に強い影響力を持ち、そのリベラルなスタイルは、ヨーロッパ経済を拡大する大きな力でもありました。ですが、そのイギリスのEU離脱が決まってしまいました。こうなった以上は、今後、EUの政治の方向として、残留する同盟国間の協定をよりムラなく、確固たるものへと導いていく必要があるでしょう。今回のイギリス離脱は、よく言えばそのための好機ともとらえられるかもしれません」

ドイツがEU加盟国であることに多くのメリットを感じています

——ドイツがEU離脱の国民投票をしたら、あなたは賛成と反対のどちらに票を投じるでしょうか？

「EU創設に関わった国のひとつして、ドイツが離脱するとは考えにくいです。もしもそうなった場合、状況や条件にもよるのかもしれませんが、自分が離脱に投票するとは考えられないですね。EUの加盟国であることに、多くのメリットを感じていますから」

——イギリスのEU離脱は、どんな影響をもたらすと考えますか？

「EU加盟国にいる離脱派にとっては追い風になるかもしれません。フランスの国民戦線、デンマークの国民党などの例もありますが、ポピュリスト（ポピュリズムを支持する者。ポピュリズム＝指導者が大衆の欲望に迎合し、それを操作することで権力を維持する政治的手法）たちの運動は、多くの国で国民投票を呼び起こしかねないほど過熱してきていますよね。EUを離脱する、しないという選択を持ち出すことは、彼らが自分たちのポジションをどう、うまくプロモーションしていくかという戦略の中で、ひとつのポイントになっているのではないでしょうか」

「ヴィジュアル関係の仕事をしている自分にとって、ユーロ紙幣の色合いがとても魅力的なんです」と、ステフェンさん

Report

外国人にインタビュー　Spain

パウさん

37歳。
スペイン・バレンシア出身。ドイツ・ベルリン在住11年目。
職業：グラフィックデザイナー

ドイツ人のガールフレンドと出会ったことをきっかけにベルリンに移住。移住してからの3年ほどはグラフィックデザイン会社に勤務していたが、現在はベルリン市内で会社を共同経営している。また、教員として週に3日ほど学生にデザインを教えている。

ＥＵに加盟していなくとも近隣とよい関係を築く国はある

――イギリスのＥＵ離脱は、ＥＵ圏のドイツに住むパウさんにとって重要な問題となりますか？

「自分にとってはあまり関係ない話だと思っています。単純に、経済的事情による決定でしょうから。ただ、実際に離脱をするまでにはまだ2年以上あるはずだし、スイスやデンマークなどＥＵに属してない国も近隣諸国とうまくやっているから、イギリスもそうなるのではないかと考えています。移民を受け入れないという姿勢は、個人的には悲しい決断だと思います」

――ドイツがＥＵ加盟国であることを、どう思う？

「私はドイツに移り住み、ドイツ人と同じように生活できている。これは素晴らしいこと。ただ、スペイン人としては経済力のあるドイツやフランスに決定権を握られている事実には不服ですね。数年前、ギリシャの破綻がありましたが、スペインにもあり得る話。経済のことだけではなく、国同士がもっと社交的であるべきと考えます。それぞれの国にはそれぞれの国のスピードがあるから、お互いのレベルを理解し合うべきでしょう」

スペインの若者たちは皆国を出たがっています

――パウさんが考えるEUのデメリットは？

「ドイツ・ベルリンに住んでいるスペイン人としては、あまりデメリットはありません。ですが、スペインにいるスペイン人にとっては難しい話ですね。昔のスペインはそれほど働かなくても生活できたし、旅行もできた。でも今は若い世代が生活に苦しんでいます。たとえば僕の弟は、スペインで仕事を見つけられなかったけど、現在はベルギーで建築家の職に就き、家族と幸せに暮らしています。移住が難しければ、弟の今の生活はなかったでしょう。スペインの若者は仕事がないし、あっても劣悪なものだけ。彼らは国を出たがっていますよ。ギリシャやイタリアも同じ状況でしょうね」

――次にEUを離脱しそうなのはどの国だと思いますか？

「EUは政治の方向性を変えないから、イギリスに続いてEUを脱退する国が出てくる可能性はありますね。考えられるとすれば、ギリシャあたりでしょうか。これ以上の離脱国を出したくないのであれば、まずはEUのコンセプトのあり方を考え直すべきだと思いますね」

会社を共同経営するなど、ドイツで成功したスペイン人のパウさん。だが、スペインに住む若者の生活はかなり厳しい

外国人にインタビュー Iceland

ステファンさん

41歳。
アイスランド出身、ドイツ・ベルリン在住
職業：翻訳者

アイスランドに生まれ育つ。高校卒業後、チェコ・プラハで短期間働いた後、故郷アイスランド・レイキャヴィークに戻り、哲学、社会学、経済学を大学でを学ぶ。卒業後、ドイツ・ベルリンに移住。現在はドイツ語とアイスランド語のフリーランスの翻訳者。

離脱自体は悪いことではないがその理由が間違っている

――イギリスのEU離脱について感想を聞かせてください。

「私はイギリスの離脱自体が悪い事だとは思いません。ただ、誤った理由の元に決定してしまったとは思います。イギリス人の一部は、EUが掲げる目標自体に欠点があったと考え、離脱に投票したのでしょう。西洋のリベラルな民主主義が、度を超えてリベラルになってしまったと考えたのか、もしくは外国人が嫌いで移民を排除したいのではないでしょうか。またはファシストであると公言することで、民主主義自体を廃止したいと考えているかもしれません。民主主義と移民への憎悪はあってはならないものです。そういったことをトータルして、間違った理由の元に離脱が決まってしまったのだと考えています」

――イギリス離脱後のEUに何を望みますか？

「今回の件がEUのあり方を再考するきっかけとなり、より民主的に改革がなされればいいと思います。ヨーロッパ社会には人種差別は底流に根強くあり、より非民主的かつ人種差別的な場所になってしまうことを私は恐れているんです」

外国人にインタビュー　Poland

マルタさん

33歳。
ポーランド・スウプスク出身。
イギリス・ロンドン在住10年目　職業：カフェ店員

ポーランドで社会科学を専攻していた大学を卒業。ポーランドで仕事もやることもなかったため、当時交際していたボーイフレンドといろいろな経験を積もうと外国に出る。ヨーロッパを転々とした後、イギリスのロンドンに辿り着いた。

差別的な事件や発言もある 合法的な移住なのにアンフェアです

――いまのイギリスに満足していますか？

「最初は大変だったけど、友達もたくさんできたし、経済的にも安定しているので満足しています。ポーランドでは、今と同じような生活を送ることが経済的に難しいかもしれない」

――イギリスがEU離脱を決定したことについては？

「とてもショックでした。イギリスを母国のように思っているし。国に計画性がないのも驚きましたね。ポーランドのコミュニティの人々も困っていますよ。近頃は差別的な事件や発言もあるし、以前はそんなことなかったのに。合法的に移住しているのに、アンフェアだと思います」

――EU加盟のメリットとデメリットは？

「ＥＵ加盟自体はいいこと。ポーランドでは２００５年にＥＵ加盟を決める国民投票を行ったけど、よい方向に向かったと私は思っています。ポーランド人の中にはもちろん保守的な人もいて反対の意見もあるけど、たとえばポーランドの小さな企業がＥＵから援助を受けることができたりして、結果的に経済も上昇していますよね」

Report

外国人にインタビュー　United Kingdom

ライアンさん

32歳。
イギリス・ロンドン生まれ、日本・千葉在住。
職業：英語教師

労働党をサポートする両親の姿を見つめ、経済力が乏しい人々に寄り添うことは、保守派に身を置くよりも遥かに意義のあることだと、子供ながらに感じて育った。大学卒業後はカメラ販売店勤務を経て英語教師に。現在は日本で英語教師として働いている。

多くのイギリス国民は離脱後に何が待っているかを知らなかった

――イギリスのEU離脱をどう考えますか？

「離脱はイギリスにとって、間違った行いであると思います。この騒動に関わった多くの政治家がいつわりを述べ、多くの国民がだまされました。また、離脱に票が傾いた最大のポイントは多くの国民が離脱をすることによって何が起こるか、自分が一体何に投票しているのかということを理解していなかったことです。EUを離脱することでEU加盟国との関税は復活し、ビザは規制され、ヨーロッパ諸国だけでなく、世界各国との外交が今までのスタンスでは行えません。それを周知されていませんでした」

――イギリスに続く離脱国は出てくると思いますか？

「イギリスが離脱によってよい方向に向かえば、他国も同じように離脱を望むでしょう。EU加盟国の国々は、イギリスが今後どういう動きを取るか見守り、それを見極めた上で身の振り方を考えていくのではないでしょうか。ですが、スコットランドは違います。彼らはEUに残留し、イギリスからは独立することを願っています。今回の件は彼らにとって好機です。スコットランドが動けば、アイルランドも続くかもしれません」

EU

European Union

いまこそ知りたい

Chapter 3

EUの金と人

いまこそ知りたい

通貨ユーロって何？

ドル・円と並ぶ世界三大通貨

ＥＵの単一通貨として流通するユーロ。２０１６年7月現在、ＥＵ加盟28カ国のうち19カ国で導入されているほか、モナコ、サンマリノ、バチカンら非加盟国でも使用され、実に世界で毎日３～４億人が利用する巨大なユーロ圏が築かれている。

１９９９年、ユーロは帳簿上の通貨として、現金を伴わない取引でスタートした。その後、２００２年からは現金の流通も開始され、いまやドル、円と並ぶ世界三大通貨の地位を確立している。

ユーロ導入の目的は、ヨーロッパ全体の経済発展にある。単一市場（１０２ページ）を目指すＥＵにおいて、各国がバラバラの通貨を使うと、為替手数料がかかるばかりか為替差損が生じる恐れがある。これを防ぐ手段として、単一通貨の導入が計画されたのだ。

単一通貨構想は１９７０年代から存在したが、議論が活発化したのは１９８０年代後半のこと。１９９３年、共通通貨政策がＥＵの権限に追加され、１９９８年には欧州中央銀行（98ページ）が設立されるなど、ユーロ導入に向けた本格的な準備が進められていった。

ＥＵ諸国がユーロを使用するためには、通貨の安定性や財政の健全性といった基準を満たす必要があり、基準を満たした国は自国通貨から共通通貨（ユーロ）に移行することができる。

ユーロ硬貨の片面デザインは国ごとに異なる

ユーロ貨幣は、紙幣7種（5、10、20、50、100、200、500ユーロ）と硬貨8種（1、2、5、10、20、50ユーロセント、1、2ユーロ）が存在する。紙幣は金種によって色と大きさが異なっているが、デザインはユーロ圏内で統一されている。一方、硬貨は表面のみが共通デザインで、裏面は各国が独自のデザインを採用しているのが特徴だ。

たとえば1ユーロ硬貨ならば、オーストリアは音楽家のモーツァルト、イタリアはレオナルド・ダ・ヴィンチの人体理想図など、各国がそれぞれの文化や歴史を象徴する図柄を採用している。金種ごとに図柄が異なる国もあれば、同じモチーフで統一している国もあり、その種類は通常硬貨だけで270以上、記念硬貨を含めれば500以上に及ぶ。このため、コインコレクターからも人気で、国や民間企業がユーロ硬貨保存用の専用アルバムを発売しているほどだ。

Shutterstock.com

EU加盟国以外でも使用されているユーロ。2016年8月末日現在、1ユーロ＝115.63円

いまこそ知りたい

ユーロの実際&いいところ、悪いところ

ユーロ圏全体の経済成長が期待できる

欧州委員会は、ユーロのメリットとして次の10項目を挙げている。

【価格の透明化、通貨の安定と低インフレ、利子率の低下、為替手数料の消滅、金融市場の統合促進、経済パフォーマンスの向上、財政収支の改善、国際的な共通通貨としてのユーロの確立、国境を越えた貿易の促進、欧州の象徴としてのユーロの誕生】

これらを踏まえ、企業・消費者・加盟国・EUの立場からそれぞれのメリットを見てみよう。

・企業：広く資本を調達できる。労働力の移動制限がなくなるため、人件費の削減が可能。

・消費者：市場の拡大や価格の透明化によって価格競争が進み、安く商品を購入できる機会が増える。両替を気にせずにユーロ圏内の旅行を楽しめる。

・加盟国：経済力の強い国では、為替リスクを負わずに輸出できるため、輸出の利益と市場拡大が見込める。経済力の弱い国では、安価で輸入できるほか、安定した統一通貨のおかげで国内の物価が安定しやすい。

・EU：各国がユーロ建て国債を発行したことで、欧州資本市場の厚みが増し、海外から欧州への資金流入が増える。ユーロ圏全体の経済成長が期待できる。

地域格差が起こりやすい

しかし、当然ながらデメリットも存在する。それは、統一金融政策に切り替えたことにより、自国で金融政策を講じられなくなった点だ。ユーロ導入国のおもな景気対策は財務政策のみであり、景気悪化時には従来よりも財務負担がかかる構造なのだ。

Nevskii Dmitrii / Shutterstock.com

価値が統一されているユーロ。そのため高賃金の国に労働力が集中し、失業者が出てしまう懸念も

さらに、景気悪化時に顕著になるのは各国の格差だ。ユーロの価値が統一されているだけに、財政の苦しい国では国内の景気を十分に回復できず、地域格差が起こりやすくなってしまう。また、低賃金の国から高賃金の国に労働力が流れてしまうため、高賃金の国では失業率増加が加速する恐れもある。

このような状況に陥ると、EUは集団性を失いやすい。なぜなら「自国を守る」という帰属意識が働き、他国と足並みをそろえるのが難しくなるからだ。愛国心に負けない〝EUのアイデンティティ〟を根付かせることが、今後の課題のひとつと言えそうだ。

いまこそ知りたい

なぜ、EU加盟国なのにユーロを使わない国があるのか？

ユーロ導入に必要な基準は4項目

２０１６年現在、ＥＵ加盟28カ国のうち、ユーロを導入しているのは19カ国。残る9カ国（イギリス、デンマーク、スウェーデン、ブルガリア、チェコ、ハンガリー、ポーランド、ルーマニア、クロアチア）はユーロを導入してないわけだが、これはどういうことなのか。

そもそも、加盟国がユーロを導入するためには、収斂基準と呼ばれる基準を満たす必要がある。具体的には「物価：過去1年間の消費者物価上昇率が、最も安定している加盟３カ国の平均値と比較して、１・５％より上回らないこと」「財政：財政赤字ＧＤＰ比３％以下、債務残高ＧＤＰ比60％以下」「為替：２年間、独自に切り下げを行わずに、欧州通貨制度の変動幅を尊重すること」「金利：過去1年間の長期金利が、消費者物価上昇率の最も低い３カ国の平均値を２％より多く上回らないこと」の4項目で、これらをクリアしないとユーロに移行できないのだ。

収斂基準はユーロ圏に負担を掛けないために設けられたが、「小国が基準を満たさないままユーロを導入したとしても、ユーロ圏に与える影響は少ないのでは」との指摘もある。しかし、２００６年にはインフレ率が基準よりも０・０６％ポイント高いとして、リトアニアのユーロ導入が延期になるなど審査は厳しく行われている（その後、リトアニアは２０１５年に導入）。

Shutterstock.com

イギリスではユーロではなく、ポンドが使われている。独自通貨であったこともEU離脱を後押しした

特例が認められたイギリスとデンマーク

収斂《しゅうれん》基準を満たした加盟国は、自国通貨からユーロへの移行が〝義務〟となっている。ただし、例外としてイギリスとデンマークはユーロ移行義務を負っていない。というのも、この2カ国は最初から通貨統合に対して懐疑的だったからだ。

１９９０年代初頭、通貨統合に関するマーストリヒト条約を批准する上で、イギリスは「共通通貨政策には反対しないが、自国はユーロ移行義務を負わない」という取引に成功している。一方、同じく通貨統合反対の声が高まっていたデンマークでは、１９９２年の国民投票で同条約の批准が否決された。この結果、イギリスと同じ特例をＥＵ諸国に認めてもらった上で、批准へと至っている。

このため、ユーロ誕生後もイギリスではＵＫポンド、デンマークではデンマーク・クローネという自国通貨が引き続き使用されている。

いまこそ知りたい

ユーロ危機

ギリシャ危機に端を発した欧州債務危機

2007年末に起きたサブプライム住宅ローン危機、そして翌年に起きたリーマン・ショックなど、米国発による世界的金融危機が発生するなか、EUに起こったのがユーロ危機だ。

ことの発端は2009年10月、ギリシャの政権交代時に発覚した財政赤字の隠ぺい――いわゆるギリシャ危機（104ページ）だった。まず、ギリシャのデフォルト不安が金融市場に広がり、ギリシャ国債が下落。このとき、ユーロ導入国がギリシャへの金融支援を行えば、支援国の財政も悪化する可能性があることから、財政状況が厳しかったポルトガル、イタリア、アイルランド、スペインにも金融不安が飛び火したのだ。

この結果、ユーロ相場の下落に拍車を掛けることとなり、欧州全体の金融システムをも揺るがすユーロ危機（欧州債務危機）となった。

ギリシャを含む5カ国は、頭文字から「PIIGS」と呼ばれるが、ユーロ危機を招いた背景はこのPIIGS諸国にある。ユーロ導入後、ユーロの恩恵によってPIIGS諸国の国債は高い信用を得るようになった。しかし、彼らは財政上の構造問題を未解決にしたまま放漫財政を続けたため、世界同時不況に対応することができなかったのだ。

国家間の意見対立が解決を遅らせた

ユーロ危機の発生後、ＥＵは欧州金融安定基金（ＥＦＳＦ）を設立するなどの戦略（１０６ページ）を打ち立て、各国の支援を開始した。

しかし、ＥＵの盟主たるドイツでは、他国への支援に対して国民から反発が起こるなど、ＥＵ・ユーロ圏が一枚岩ではないことが浮き彫りになった。ほかにも、国家間の意見対立や意志決定の遅さが指摘されていて、これらがユーロ危機の収束を遅らせる要因になったという見方も強い。

また、通貨政策と金融政策が統合された一方で、財政政策はユーロ導入国が主権を握るという中途半端なシステムも根本的な問題だ。だが、一連の危機に対してドイツの社会学者ウルリッヒ・ベックは「より深い問題は、欧州がいかに連帯できるのか、いかに連帯すべきなのか」と問題提起している。統合を目指すＥＵにとって「真の連帯」は今後の課題かもしれない。

Ververidis Vasilis / Shutterstock.com

写真はギリシャのチプラス首相。政権は2015年1月に、緊縮財政への反対を掲げて発足した

いまこそ知りたい

EU経済の中心　欧州中央銀行

金融政策は金利の調整が中心

ＥＵの主要機関であり、ユーロ圏の金融政策を実施する欧州中央銀行。設立の経緯は、１９９２年に調印されたマーストリヒト条約までさかのぼる。同条約によってＥＵ加盟国のうち、一定の経済的基準を満たした国が経済通貨同盟を結成し、単一通貨ユーロの導入が決定された。このユーロを支える中央銀行として、１９９８年６月、ドイツのフランクフルトに設立されたのが欧州中央銀行である。

欧州中央銀行が行う金融政策のメインは、ユーロ圏の民間銀行に貸し出す金利（政策金利）の調整だ。たとえば政策金利を引き上げると、民間銀行が企業へと貸し出す金利が上昇し、ユーロ圏全体の景気は下向きとなり、物価は上昇しにくくなる。一方、政策金利を引き下げると、ユーロ圏全体の景気は上向きとなり、物価は上昇しやすくなる。ユーロ導入の目的のひとつは物価の安定だ。ユーロ圏内のみならずＥＵ全体の物価安定を実現するため、金利を調整しているのだ。

このほか、ユーロ圏諸国が保有する外貨準備の管理や為替市場における介入、ユーロ取引の資金決済や紙幣の発行なども欧州中央銀行の役割だ。

なお、欧州中央銀行が決定した金融政策は、ドイツ連邦銀行やフランス銀行など各国の中央銀行が実施しており、この仕組みを「ユーロシステム」と呼ぶ。

二重の独立性が担保されている

金融政策は欧州中央銀行の総裁・副総裁・理事、ユーロ圏各国の中央銀行総裁によって構成される「政策理事会」で決定されている。

総裁をはじめとした人選は各国間の調整で選ばれ、運営は欧州理事会や欧州委員会、欧州議会からは独立して行われる。また、ユーロシステムに参加する各国の中央銀行も、自国の政府からの独立性が担保されている。つまり、欧州中央銀行はEU主要機関のみならず、各国の政府からも政治的関与を受けないという二重の独立性で守られている。

厳格な独立性が保たれている理由は、前述した物価安定だ。特定の国の事情や政策意図を意識した運営を行うと、ユーロ圏全体の物価安定に支障が起きる可能性があるからだ。ただし、EUやユーロ圏の経済を緊急に立て直す必要がある際は、欧州理事会らと連携をとって対応することになる。

S-F / Shutterstock.com

欧州中央銀行は、ユーロを支えるための機関として1998年にドイツのフランクフルトに設立された

いまこそ知りたい

EUの財源

EUの予算は意外と少ない!?

人口約5億人を抱えるEUは、さぞや予算も膨大かと思われがちだ。しかし、2012年の予算は約1472億ユーロで、EU全加盟国のGDP全体の1％程度である。とは言え、お金が必要であることに変わりはなく、当然ながら財源を確保する必要がある。

EUの財源は、おもに次の3種類に大別できる。

（1）EU域外国原産の輸入品に課される関税ならびに砂糖課税（伝統的な独自財源）

（2）EU加盟各国で商品やサービスに課される付加価値税の一定割合（VAT）

（3）EU加盟各国の相対的な富裕度に応じて決定される分担拠出金

（1）の関税収入は、各加盟国が徴収してEUに拠出。徴収経費に当たる25％ぶんを自国財源としている。（2）は各加盟国が自国のVAT税率の0・3％ぶんをEUに拠出している。だが、税率は国ごとに異なるほか、課税ベースの異なる国も多く、負担の大きい国に対しては軽減が適用されている。（3）は各国のGNIに基づいて算出されていて、財源の大部分を占めている。このほか、EUのプログラムに参加する第三国からの拠出金、前年に使われなかった予算の収支差額、EU職員の給与の税金、独禁法などに違反した企業の課徴金などの収入も歳入予算に含まれる。

Shutterstock.com

EU域外の国が原産の輸入品に課される関税は、EUの財源の基となるもののひとつだ

新たな財源「金融取引税」が協議中

２０１２年予算の使途は、欧州横断ネットワーク計画や生涯教育、構造基金などの「持続可能な成長」が45・９％、農業市場や農村開発などの「自然資源の保護と管理」が40・８％で、この２分野のみで全予算の85％以上を占めている。

ＥＵ予算の特徴は、収支バランスが取れるように組まれていることだ。支出が収入を上回ることはなく、支出額の約94％はＥＵ加盟国のための政策やプログラム実施に充てられている。

なお、長年ＧＮＩ財源の増大に対する懸念が指摘されていて、近年では新たな財源として金融取引に税を課す「金融取引税」が検討されている。２０１１年に提案されたこの税は、現在10カ国によって協議が進められている。しかし、ＥＵ全体を対象とする協議は２０１２年に決裂。現在は10カ国内における税率や税収の使いみちに関する議論が交わされている段階だ。

いまこそ知りたい

ヨーロッパの単一市場とは?

構想開始から45年で実現したEU最大の成果

２０１２年、ＥＵ単一市場の誕生から20周年を迎えた際、バローゾ欧州委員会委員長（当時）は「ＥＵ市民５億人と２２００万の企業に恩恵を与える欧州最大の資産となった」と、ＥＵ単一市場を高く評価していた。

彼の言葉にもある通り、単一市場の創設はＥＵ最大の成果のひとつだ。そもそもＥＵの基本目標は「ＥＵ内を自由に移動し、居住し、働く〝域内国境のない領域〟」をつくることにある。域内の人・物・資本・サービスの移動が自由化されれば、域内取引が活性化し、地域全体の経済活動も効率化が図られ、競争力が高まる。物やサービスの選択肢も増え、生活に幅広いメリットをもたらすことが狙いなのだ。

移動の自由化は「相互承認」という考え方に基づいている。ある加盟国において合法的に製造・販売されている製品は、ほかのすべての加盟国の市場でも流通が許可されなければならない。また、学位や職業・資格も同様で、ほかの加盟国でも認定されるような措置が講じられている。

こうした課題をクリアするために長期間の話し合い・取り組みを要し、１９５８年発効の欧州経済共同体（ＥＥＣ）設立条約から、実に45年後の１９９３年に実現されることとなった。

ＥＵ単一市場による経済効果

さて「最大の成果」と呼ばれるＥＵ単一市場だが、果たしてどれほどの成果が得られたのだろうか。

２０１２年、欧州委員会は「もしもＥＵに単一市場が存在しなかったら、２００８年のＥＵのＧＤＰは２３３０億ユーロ少なかった（２・１３％）」との試算を発表している。

また、単一市場構築によって、効率性の向上や競争力強化が得られたとされ、それは貿易や投資の拡大といった具体的な数値からも窺える。

域内貿易（輸出）は１９９２年の８０００億ユーロから２０１１年には２兆８０００億ユーロまで増加し、対外貿易（輸出）においても５０００億ユーロから１兆５０００億ユーロまで増加。ほかにも、投資先として欧州の魅力が高まった結果、海外資本による直接投資も増加しており、６４０億ユーロから実に７３００億ユーロと拡大している。

yakub88 / Shutterstock.com

元・欧州委員会委員長のジョゼ・マヌエル・ドゥラン・バローゾ。過去にはポルトガル首相も務めた

ギリシャ危機

ユーロ導入時からEUを騙していたギリシャ

２００９年10月、ギリシャは政権交代によってパパンドレウ新政権が誕生。旧政権による財政赤字の隠ぺいが明らかになり、財政赤字の対ＧＤＰ比の修正を行った。前政権が発表していた財政赤字の対ＧＤＰ比は５・０％だったが、実際には７・７％であり、その後９・８％に上方修正。さらに欧州統計局は14％を超える可能性も示唆する事態となった。

94ページでも説明した通り、ユーロを導入するための基準は4項目あり、そのうち財政面は「財政赤字ＧＤＰ比３％以下、債務残高ＧＤＰ比60％以下」である。しかし、新政権が調査したところ、ギリシャがユーロを導入した２００１年の数値は「財政赤字の対ＧＤＰ比４・５％、債務残高ＧＤＰ比は１０４％」で、導入基準をまったく満たしていなかったのだ。

ユーロ導入時からの隠ぺいが発覚したことで、ドイツをはじめとした導入国はギリシャを痛烈に批判した。とは言え、ギリシャの財政危機はユーロ圏全体の信用不安につながる恐れがあったため、ＥＵ各国はＩＭＦと協力してギリシャの支援を開始することに。２０１０年５月、第一次支援策として１１００億ユーロ、２０１２年3月には第二次支援策として１３００億ユーロの緊急融資枠を創設するなど、ギリシャの財政再建に向けて奔走することとなった。

mavkate / Shutterstock.com

2016年8月、欧州中央銀行のドラギ総裁は、資産買い入れプログラムにギリシャ国債を含めないことを発表

最大の危機は去り、今後の経済成長に期待

支援を受け続けたギリシャは、国内の政治対立や腐敗と向き合い、構造改革に尽力。この結果、2016年現在におけるギリシャの銀行部門は、ユーロ圏でも最も安定した部類に属している。ほかにも、政府は民間部門の不良債権処理の推進やセーフティネットの構築など、さまざまな改善策に取り組んでいる。

いまなおギリシャが困難な状況にあることに変わりはない。2015年のギリシャの失業率は25%と厳しく、債務残高対GDP比も177%にまで膨らんでいる。しかし、欧州各国の救済案において一定の責任を果たしつつあり、最大の危機は過ぎ去ったと捉えていいだろう。今後、ギリシャ政府に求められるのは、失業率を改善させ、経済成長へと導くことだ。

欧州委員会によれば、ギリシャ経済は2016年下半期にはプラス成長に転じると予想している。生まれ変わったギリシャ政府の手腕に注目したい。

いまこそ知りたい

財政危機国への援助は?

世界最大級の国際金融機関ESM

ギリシャ危機のようなユーロ圏における金融危機、またサブプライム住宅ローン危機やリーマン・ショックに端を発した世界的金融危機に備え、EUは2010年からセーフティネットの整備を急速に進めている。

まず、2010年5月に設立された「欧州金融安定基金(EFSF)」は、2013年までの時限組織だ。期限後は救済措置を実施した国々とのやりとりのみを継続しており、最後の支援プログラムはギリシャに対する融資。また、2012年6月には緊急融資制度として「欧州金融安定化メカニズム(EFSM)」が設立された。欧州委員会がEUの予算を裏付けとして調達した資金により金融支援を行う機構で、最後の融資は2014年秋。現在も非常時に欧州委員会が発動することのできる支援機構として存在している。

そして2012年10月、ユーロ圏加盟国を対象とする常設の金融支援機関として設立されたのが「欧州安定メカニズム(ESM)」である。ESMはユーロ圏加盟国19カ国が株主となり、定められた負担率によって資本金を分担している。資本金総額は7048億ユーロ。国際金融機関としては世界最大級で、ユーロ圏内の債務危機回避と予防を担う重要なセーフティネットだ。

財政危機の予防策も進む

ESMの組織は、最終決定を下す理事会、取締役会、最高経営責任者で構成されている。理事を務めるのは各加盟国の金融担当大臣で、ほかにも欧州中央銀行の総裁、欧州委員会の経済・金融担当委員も理事会にオブザーバーとして立ち会っている。

これまでEUは、ギリシャ、アイルランド、ポルトガル、スペイン、キプロスに対して金融支援を行ってきた。なかでもアイルランドとスペインは、適切な支援によって自国の経済力だけで再成長できる見通しが立ち、支援策の好例となっている。

また、過剰な財政赤字の予防策としては、2011年に予算政策の監視強調を図るシステム「ヨーロピアン・セメスター」が開始。ほかにも、欧州中央銀行がユーロ圏の全大手銀行を監督する「単一監督メカニズム」が構築され、銀行に端を発する金融危機の再発予防に大きな期待が寄せられている。

Shutterstock.com

ケルト神話に残されるアイルランドは、豊富な自然が魅力的な国。この国もEUから金融支援を受けている

いまこそ知りたい

EUで一番偉い人は？

欧州理事会議長と欧州委員会委員長の二頭体制

毎年開催される主要国首脳会議（G7／G8）。2014年以降はロシアが不参加のため7カ国となり、参加者はアメリカ、イギリス、フランス、ドイツ、イタリア、カナダ、日本の首相・大統領だ。しかし、同会議は彼らに加え、EUからも「欧州理事会議長」と「欧州委員会委員長」が参加しており、この2名が国際会合におけるEUを代表する存在と言える。

欧州理事会議長は、EUの政治的最高意志決定機関たる欧州理事会のトップで、かつては加盟国の元首が半年で交代する輪番制だった。しかし2009年12月、EUの機構制度改革を定めたリスボン条約が発効され「常任議長」を擁立することが決定。日本メディアには「EU大統領」と報じられ、大きな注目を集め要職だ。

一方、欧州委員会委員長はEUの行政機関である欧州委員会のトップ。役職が創設されたのはEC発足よりも古い1958年で、1977年にはロンドン・サミットにEC代表として初参加するなど、欧州理事会の常任議長誕生までは単独で強い存在感を放っていた。

現在、欧州理事会議長はポーランド首相のドナルド・トゥスク、欧州委員会委員長はルクセンブルクのジャン＝クロード・ユンケルが務めている。

Drop of Light / Shutterstock.com

写真は現在の欧州理事会議長であるドナルド・トゥスク。精力的に活動するらつ腕政治家だ

議長と委員長の選出方法は？

欧州理事会議長は欧州理事会の特定多数決によって選出される。任期は2年半で、1回に限り再任できる。特定多数決とは欧州連合で用いられる投票方法のひとつで、各加盟国に対して人口に応じた票数が割り当てられている。

一方、欧州委員会委員長（任期5年・再任可）は2009年のリスボン協定から選出方法が改められている。まずは欧州議会選挙の結果を考慮し、欧州理事会が欧州議会と協議した上で委員長候補者を選出。その後、欧州議会によって委員長が決定される流れだ。

現職のユンケル委員長は、欧州理事会での候補選出時にイギリスとハンガリーが反対したことから特定多数決が行われた。その結果、成立に必要な260票（352票中）を上回る311票を得て候補者となった。ちなみに、欧州委員会委員長の選出において、特定多数決が使用されたのはこれが初めてのことである。

ヨーロッパが震撼した数々の事件を知る！

EU事件簿

EUの歴史を語るうえで欠かすことのできない事件の数々。今一度振り返ることで、EUの抱える問題点が浮き彫りになってくる。

FILE No.1

成長ホルモン牛の輸入禁止にアメリカが激怒

日本でもおなじみのアメリカ牛は、成長を早めるホルモン剤の投与が認められていた。一方のEUはというと、人体に害がないと確定しない限り、成長ホルモンを使うことを避けようというスタンス。

やがてECがEUへと改まり、1995年にはWTO（世界貿易機関）が設立される。これを機にアメリカは、ホルモン牛肉を禁止するEUの決定はWTOのルールに抵触すると主張。ホルモン牛肉を輸入するようEU側に迫ったが、EUサイドはこれを拒絶。話し合いはWTOの紛争解決機関に持ち込まれ、第1審ではアメリカが勝利したが、その後、紛争はドロ沼化。結局、WTOはアメリカとEUの双方に紛争解決に向けた努力をするよう勧告するにとどまり、問題に白黒がついていない。

Shutterstock.com

一説によれば、ホルモン剤を投与している牛は、投与していない牛に比べて発がん性が600倍も高いとか

1

EU事件簿

2

FILE No.2

パリ同時多発テロで130人以上が犠牲に

フランスのパリでテロが起こったのは、2015年11月13日夜（日本時間14日早朝）のこと。パリ中心部にある音楽ホールや、北部に位置するサッカー場などで、同時多発テロが起きたのである。音楽ホールでは銃撃事件が発生し、100人以上が死亡。テロ全体では130人以上もの犠牲者が出た、ヨーロッパで最悪の事件のひとつである。

同年1月に起きた風刺新聞の「シャルリー・エブド」本社襲撃事件の傷も癒えないうちの凶行とあって、パリの人たちはもちろんヨーロッパ中、引いては世界中の人々も日常を襲う恐怖に怯えた。

だが、EUもテロに手をこまねいているだけではない。2016年8月には、情報の暗号化を制限することに前向きな姿勢を見せた。テロは暗号化された情報をもとにして準備が進められている。それを解読するのは困難であるため、情報のオープン化を進めるというのだ。プライバシー保護の観点から不安を訴える声もあり、また情報の扱い方は各国で異なるのが現状だ。テロ対策は進めたいが、権利も尊重しなくてはならない。非常に難しいかじ取りをEUは迫られている。

Frederic Legrand - COMEO / hutterstock.com

テロの犠牲者に追悼の花を手向けるパリ市民たち。テロは人々の心に癒えぬ傷を刻む

FILE No.3

2012年12月。EUがノーベル平和賞を受賞

2012年の12月、ノルウェーのノーベル委員会は、EUにノーベル平和賞を授与することを決定した。「人ではなく、組織がノーベル平和賞を受賞?」と思う人もいるかもしれないが、過去には赤十字国際委員会（1917年など）や国連平和維持軍（1988年）など、組織が受賞したケースがある。

EUがノーベル平和賞を受賞できた最大の要因は、第二次世界大戦終結から70年近くの間、ヨーロッパの平和を保ってきた点だとされている。受賞肯定派は「その通りだ」と喝采するが、否定派はこんなことを言っていた。「いやいや、ヨーロッパは平和ではなかっただろう」と。まさしくその通りで、第二次世界大戦終戦から2012年までの間にヨーロッパ各地で内戦や紛争が起き、決して平和な状況とは言いがたかった。

このことから、EUのノーベル平和賞受賞は「政治利用だ」と糾弾する者もいて、おめでたいはずの受賞もややしらけムードで迎えられたのであった。

Slavko Sereda / Shutterstock.com

EUのキャサリン・アシュトン女史は、「EUの功績が認められて嬉しく思う」と喜びを露わにした

3

EU事件簿

4

FILE No.4

イギリスは独立決定でもスコットランドはEU残留？

2016年の6月23日におこなわれた国民投票により、イギリスはEUから離脱することが決定した。それから6日後の6月29日、スコットランド行政府のスタージョン首相はベルギーのブリュッセルを訪れた。EU本部の首脳陣と会談をするためである。

スタージョン首相が持ち込んだ会談の内容。それは、スコットランドのEU残留を希望する声を届けるためである。これは決して首相のスタンドプレーではない。現にイギリスの国民投票では、スコットランドの大多数の人々がEU残留に票を投じていた。

だが、スコットランドはイギリスという連合国をなす4カ国のうちのひとつ。ゆえに欧州委員会のユンケル委員長は、スコットランドの申し出に「国連で扱うべき問題」とし、トゥスクEU大統領はスタージョン首相と会うことすらなかった。2014年には、イギリスからの独立を決める住民投票が行われたスコットランド。そのときは残留が多数を占めたが、イギリスのEU離脱決定を引き金に、再び独立に向けて動き出しているという。

Twocoms / Shutterstock.com

スコットランドのニコラ・スタージョン首相は、果たして一国の首相となる日が来るか？

Column.3

さまざまな保証がある EUの「航空旅客の権利」

EUでは加盟国間での人や物の移動性を効率化させるために、1980年代後半から航空市場の自由化を進めてきた。1997年にはEU単一航空市場が開かれ、多くの航空会社が参入した。各社によってサービスが異なるため、ルールを設ける必要に迫られた。

そして2004年、EU理事会規則により、「航空旅客の権利」が法制化。翌年に施行されることとなった。

この航空旅客の権利の中で代表的なものが、次に挙げるふたつだ。

[航空券の価格] 航空券の価格は、購入者の国籍や購入した場所で上下してはならない等。

[欠航や遅延、オーバーブッキング] 欠航やオーバーブッキング（多重予約）によって飛行機に搭乗できない際は、全額払い戻しはもちろん、出発地まで無償で帰らせてもらえる。また、食事の提供や、250～600ユーロの金銭保証を受けることもできる。

ちなみにこの権利はEU域内の空港から離陸する全航空便の乗客に適用されるが、日本の航空会社を利用して日本からEU域内に着陸した場合には適用はされないので注意が必要だ。

EUの航空旅客の権利では、航空会社が荷物を破損・紛失した場合は1220ユーロまでの補償を求めることが可能

EU

European Union

いまこそ知りたい

Chapter 4

EUと各国の関係

いまこそ知りたい

EUとアメリカ

EUの誕生はアメリカとソ連の対立が背景

ヨーロッパは、アメリカと旧ソ連という二大大国に挟まれている位置にある。第二次世界大戦後、ヨーロッパ諸国は否応なしにその覇権争いに巻き込まれることになった。そのため、ヨーロッパ諸国は自国を守るために結束する必要があった。しかし、第二次大戦はヨーロッパが戦火の中心だったため、戦後は経済が疲弊していた。ヨーロッパ諸国は、自国の復興で精いっぱい。とても、アメリカ・ソ連の対立に備える余裕はなかった。

そこで、アメリカ主導で復興計画が立てられた。この復興計画は、アメリカの国務長官だったジョージ・マーシャルが主導したことから「マーシャルプラン」と呼ばれる。アメリカの援助を受け入れることを表明したヨーロッパ16カ国は、その受け入れ機関として欧州経済協力機構（OEEC）を設立。

マーシャルプランはヨーロッパ諸国の戦後復興に貢献したことから、プラン作成者であるマーシャルは、1953年にノーベル平和賞を受賞した。マーシャルプランの成功は、アメリカ企業がヨーロッパに進出する足掛かりにもなった。生まれ落ちる前から、EUはアメリカの影響を色濃く反映する組織であることが宿命づけられていたと言っても過言ではない。

EUROPEAN UNION

NATOでも結びつく　アメリカとは戦略的パートナー

EUは安全保障の面でアメリカと戦略的なパートナーシップを構築しつつある。

1949年に締結された北大西洋条約機構（NATO）は、ソ連を中心とする共産圏の東側諸国に対抗する意味が含まれていた。NATOは「アメリカを引き込み、ロシアを締め出し、ドイツを抑え込む」を目的としていた。そのため、NATOでは加盟国間において集団的自衛権の行使が認められている。

NATOにはヨーロッパの国だけではなく、アメリカやカナダといった北米の国も加盟しているが、NATOとEUはあくまで別組織だ。

2003年、イラクへの武力行使が議論されたとき、イギリス・スペインなどがアメリカの主張に賛成したのに対して、フランスは反対に回った。EU間でも、安全保障に対するスタンスは異なり、結論は国連の安保理決議にゆだねられた。

しかし、フランスが常任理事国で拒否権発動をほのめかしたこともあり、国連でも議論は割れることになった。

a katz / Shutterstock.com

次期アメリカ大統領を狙うトランプは、ポンド急落で
自分のビジネスが儲かると大喜び

EUは共通問題に対処する「組合」のようなもの

ヨーロッパ諸国にとって、ソ連は脅威そのものだった。しかし、1991年にソ連が崩壊すると、事態は一変。東西冷戦構造が崩れたことで、関係は大きく変わった。

EUにとって敵国だったソ連は、一転してガスなどのエネルギー供給国となる。1994年には、EUとロシアは政治・経済におけるパートナーシップ協力関係となり、年2回の定期的な首脳会議・閣僚級会合などを開催している。

EUにおけるロシアの存在感は年々増しており、現在はEUにとってロシアは大きな貿易取引国でもある、また、ロシアがWHOに加盟する際にも、EUがそれを支援する動きを見せるなど、両者は良好な関係を築こうとしている。

一方で、もともとソ連の構成国だったウクライナは2010年頃まで親ロシアの姿勢を見せていた。しかし、2014年にロシアとウクライナの関係は悪化。ウクライナはEUとの関係を強化する動きを見せる。

その背景には、旧共産圏の東ヨーロッパ諸国が相次いでEUに加盟したことが挙げられる。こうした動きが、ロシアがEUに警戒を強めることになった。

ロシアは対抗策として、ウクライナに供給していた天然ガスの価格を引き上げた。これにより、ロシアとウクライナの関係はますます悪化し、クリミアをめぐる紛争も勃発。現在も、ロシアとウクライナの対立は続き、ウクライナのEU加盟は留保されたままになっている。

関係深まる中国

EUと中国との外交関係は1975年から始まり、1985年には貿易協力協定も締結するなど、その歴史は決して浅くない。最近は中国経済が足踏みしているとはいえ、飛躍的に経済発展を遂げた中国は、EUにとっても貿易上において重要な取引相手でもある。

年々、EUと中国との貿易は拡大しており、2004年にEUは中国をアメリカ・ロシア・日本・カナダと並ぶ戦略的パートナーに位置付けた。

しかし、かつて日米間でも起きた貿易摩擦のような出来事が、EUと中国間でも起きるようになっている。労働力の安い中国が、ヨーロッパへの輸出量を増やせば、ヨーロッパの産業は太刀打ちできなくなる。特に、繊維産業は深刻な打撃を受け、EUと中国との関係を悪化させる原因にもなった。

Drop of Light / Shutterstock.com

ウクライナの大統領ペトロ・ポロシェンコ。同国はクリミア問題でEUと連携を深めたい構えだ

いまこそ知りたい

EUと日本

日本とEUとのパートナーシップ

日本とEU諸国との関係は、70年代から貿易摩擦が絶えず起きつづけていた。そうした貿易問題を除けば、日本とEU各国との関係は可もなく不可もない状態だった。

外務省によると、日本とEUとの貿易量は36%を占めており、双方にとって重要な貿易相手とされている。しかし、歴史的に見ると、日本とEUとの貿易は常に日本側の大幅黒字がつづいてきたこともあり、EU側に不満の多い内容だった。

90年代に入ると、そうした日本とEUとの関係にも変化が生じた。1991年には日本とEU首脳との間で定期首脳協議が開かれることになったのだ。これらは、単に貿易といった経済面のみならず知的財産保護、気候変動、核軍縮など幅広いテーマで話し合いが行われている。

今般、EU各国と日本との間でオープンスカイ協定など人的移動の交流が盛んに進められているが、日本とオープンスカイ協定を締結しているヨーロッパの国は、イギリス・フランス・フィンランド・スペインなど少なく、日本とEU諸国間との交流は決して活発とはいえない。日本にとって、EUはまだまだ遠い国になっている。

360b / Shutterstock.com

イギリスのEU離脱は、日本にとって対岸の火事ではない。日本経済の行く末は政府の双肩にかかる

ギリシャ危機・イギリスのEU離脱　日本への影響

70年代から貿易摩擦が起きていた日本とＥＵとの関係に大きな変化が起きたのは、２０１２年。ギリシャの経済危機に端を発した欧州経済危機が影響を及ぼし、さらに円高も伴って日本からＥＵへの輸出は一気に減少した。

ギリシャの債務危機によるユーロ離脱問題は日本のＥＵ市場離れをもたらしたが、中国・韓国の東アジア圏が経済成長を果たしており、それらの貿易取引額からすれば影響は小さかった。

今回のイギリスがＥＵを離脱するという決定は、ギリシャのそれよりも大きな衝撃を日本に与えた。しかし、もともとイギリスは非ユーロ国であり、日本においては株価や金融市場で一時的な混乱が起きたものの、貿易や外交関係に大きな変化は見られない。

それでも、油断は禁物とする見方が強く、今後の日本とＥＵとの関係は、不透明な部分が多い。

いまこそ知りたい

日本の「要望書」にイギリスが戦々恐々

日本からの「警告」を英メディアが大々的に報道

日本の外交は、北方領土問題を例に出すまでもなく、かねてより弱腰であると非難され続けてきた。これは国のトップが変わっても同じで、日本は国際社会で舐められているというのは、日本国民のみならず、アジア、引いては世界各国の共通認識でもあった。

それだけに、日本政府がイギリス政府に対して送った要望書は大きな波紋を呼んだ。イギリスの大手メディアが一斉に、かつ大々的に驚きを持って報じたのだから、その衝撃の度合いがうかがいしれるというものだろう。

日本がイギリスにあてた要望書には、イギリスのEU離脱にからみ、日系企業が関税などの負担に苦しめられることがないよう求める旨が書かれていた。ただの要望ではない。イギリスメディアが「警告」と報じるほどに、強く「要求」してみせたのだ。

特に強調したのは、「離脱によってEUの法律が適用されなくなった場合、イギリスに本社（またはそれに準ずる機能）を有する企業は、欧州の他の国に移転する可能性がある」という点だ。企業撤退による経済損失をわかりやすく人質に取り、さらに日本企業がこれまでイギリス政府が求める投資をおこなってきたことを配慮した、責任ある対応を求めたのである。

ネット住民は激怒も、政府は弱気で……

「この要望書は、もはや警告すら通り越した脅迫ではないか」

イギリスのネット上では、多くの人々が怒りをむき出しにして日本を非難した。中には日本製品のボイコットや、こちらから先に日本企業を排除すべきだと煽る者まで出てくる始末である。

では、当のイギリス政府はどんな反応を示したのか。国民同様に怒り心頭かといえば、実はおびえているのだとイギリスメディアは報じている。

日本の刺激的な要望書がきっかけとなり、いくつもの国から同様のものが届くことで、ＥＵ離脱交渉の際にがんじがらめにされてしまう恐れがあるからだ。これはイギリスの新首相となったテリーザ・メイにとって非常にやっかいなことである。

いつも弱腰の日本外交が見せた強気は、世界を巻き込んだ大事へと発展する可能性を秘めている。

Drop of Light / Shutterstock.com

突如として、強気な外交を見せた日本政府。安倍総理の胸の内やいかに

いまこそ知りたい

EUはゆくゆくひとつの国家になるのか？

統合から連合へ　EUの道のり

1952年、西ドイツ・フランス・ベルギー・イタリア・オランダ・ルクセンブルクの6カ国によってEUの萌芽となるECSCが発足した。同機構は石炭と鉄鋼を共同管理することが目的であり、欧州統合の父でもありEUの提唱者とされるジャン・モネの理想にはほど遠いものだった。とはいえ、モネが主張した欧州連邦は各国が国家主権を放棄するという、当時においては斬新すぎる構想だったため、非現実的すぎた。

ECSCの発足は、理想に近づくための第一歩だった。1957年には欧州経済共同体（EEC）や欧州原子力共同体（ユートラム）が設立された。1967年、これらはECSCとともに統合されてEC（欧州共同体）へと発展した。

しかし、こうした動きにフランス大統領だったシャルル・ドゴールが異を唱える。ドゴールはヨーロッパは統合ではなく、連合を目指すべきと主張。

1990年に東西ドイツが統一されると、EU委員会委員長だったジャック・ドロールによってEU誕生への動きが加速。1993年、正式にEUは誕生した。

拡大を続けるEU

ＥＵは拡大する一方でさまざまな摩擦が生じ、問題も発生している。ＥＵの理念はヨーロッパ全体をひとつの国とする連邦国家の建設にあるが、政治や外交、経済、文化などがそれぞれに異なる多国間で、共通の理念を抱くことは難しい。

それが露呈したのは、２００５年のＥＵ憲法の制定だった。ＥＵ憲法はヨーロッパ統合の象徴になると期待されていた。その裏では移民の流入が増加したり、安価な労働力を求めて工場が他国に移転してしまい失業者が増加するといった問題が懸念された。

この危機感を増幅させたのが、トルコのＥＵ加盟問題だった。トルコが加盟すれば、ＥＵの経済はますます危機に陥る。そうした不安から、ＥＵ憲法は否決されて、反ＥＵの流れが加速する。

今後も、ＥＵ加盟国間でさまざまなハレーションが起きることは想像に難くない。それは、加盟国が増えれば増えるほど頻発するだろう。ＥＵがひとつにまとまれるかどうかの鍵は、この問題をどう解決するかにかかっている。

Giovanni Vale / Shutterstock.com

ひとつの国家共同体であるEU。だが、これらがひとつの国家となる可能性は、現在のところかなり低い

あとがき

本稿を書いている時点で、イギリスのＥＵ離脱決定から２カ月半が経過している。あれだけ乱高下した金融市場、株式相場は落ち着きを見せ、イギリスのＥＵ離脱が話題に上ることは激減している。

だが、イギリスが離脱交渉を経てＥＵを正式に離れる日へのカウントダウンは、日々進んでいるのだ。そのＸデーが訪れたとき、ＥＵは変わる。そして世界も変わる。いや、変わらざるを得なくなる。

また、イギリス以外の国の離脱決定という第二、第三のＸデーがカレンダーに刻まれる可能性も、決してゼロではない。ＥＵとは、いわば巨大な生命体だ。どう進化するのか、はたまたどう変身してしまうのか。その答えを知る者はいない。ひとつ言えることは、これからもＥＵからは目が離せないということである。

欧州連合研究会

参考文献

『EUの知識』（日本経済新聞出版社）
『EU（欧州連合）を知るための63章』（明石書店）
『ヨーロッパがわかる――起源から統合への道のり』（岩波書店）
『欧州連合――統治の論理とゆくえ』（岩波書店）
『EU崩壊』（新潮社）
『NEWS WEEK』（CCCメディアハウス）
『東洋経済』（東洋経済新報社）

他、各報道を参考にさせていただきました。

いまこそ知りたいEU

2016年10月10日　第一刷発行

著　者　欧州連合研究会
発行人　出口汪
発行所　株式会社 水王舎
〒160-0023
東京都新宿区西新宿6-15-1
ラ・トゥール新宿511
電話　03-5909-8920

本文印刷　厚徳社
カバー印刷　歩プロセス
製　本　ナショナル製本
写　真　shutterstock／アフロ
ブックデザイン　杉本龍一郎、太田俊宏（開発社）
編集協力　山下達広（開発社）
編集統括　瀬戸起彦（水王舎）

落丁、乱丁本はお取り替えいたします。

ISBN978-4-86470-060-3 C0031